中國學術思想研究輯刊

二二編

林慶彰主編

第10冊

從儒家之「經權辯證」論道德衝突問題

蕭美齡著

花木蘭文化出版社

國家圖書館出版品預行編目資料

從儒家之「經權辯證」論道德衝突問題／蕭美齡 著 -- 初版 --
新北市：花木蘭文化出版社，2015〔民 104〕
目 4+158 面；19×26 公分
（中國學術思想研究輯刊 二二編；第 10 冊）
ISBN 978-986-404-367-5（精裝）
1. 儒家 2. 道德
030.8　　104014680

ISBN- 978-986-404-367-5

中國學術思想研究輯刊
二二編　第 十 冊　　ISBN：978-986-404-367-5

從儒家之「經權辯證」論道德衝突問題

作　　者　蕭美齡
主　　編　林慶彰
總 編 輯　杜潔祥
副總編輯　楊嘉樂
編　　輯　許郁翎
出　　版　花木蘭文化出版社
社　　長　高小娟
聯絡地址　235 新北市中和區中安街七二號十三樓
　　　　　電話：02-2923-1455／傳真：02-2923-1452
網　　址　http://www.huamulan.tw　信箱　hml 810518@gmail.com
印　　刷　普羅文化出版廣告事業
封面設計　劉開工作室
初　　版　2015 年 9 月
全書字數　140484 字
定　　價　二二編 22 冊（精裝）新台幣 40,000 元

從儒家之「經權辯證」論道德衝突問題

蕭美齡　著

作者簡介

蕭美齡，台灣台南人，1974 年生於越南西貢。國立中央大學哲學研究所碩士，東海大學哲學系博士。現為朝陽科技大學通識學院兼任助理教授，開設人生哲學、心靈經典導讀等課程。學術興趣為先秦儒道哲學、中西倫理思想比較研究。

提　要

本文以儒家之「經」、「權」關係及倫理學上的「道德衝突」概念為線索，嘗試在「道德衝突」的脈絡上梳理儒家對「經」、「權」關係的各種討論，並以此作為消解日常生活上各種「道德衝突」之參考或指引。

筆者的討論主要分為三個部份。在第一部分，筆者首先釐清儒家「經」、「權」二概念之意義，並由此敘述宋明儒者有關經、權關係之論辯及當中所反映的經權辯證意涵。這可說是一描述性的工作。至於第二部分的工作則可說是規範性的。筆者試對義務論、效益主義與德性倫理學對於道德衝突問題之思考方式作出比較，從而歸結出有助於妥善解決道德衝突的幾項依準。最後一部分則可說是批判性的。本文試圖主張：儒家非但特重道德心之覺醒，對「人格整全性」之護持亦甚強調。要言之，儒家的行動主體在其人格之整全中，在道德行為上可達成以下效果：一、免受私欲所蔽；二、在涉及各種人倫關係的活動中，不會因為無法同時滿足不同的道德價值或信念，而產生不必要的情緒。三、在一般情況下，他能堅持普遍的道德法則；在面對事態的變化時，他卻能因事制宜，作出恰如其分的道德裁量。本文將指出，儒家此一立場，恰可與義務論、效益主義和德性倫理學這些西方道德理論互補長短。

目 次

導　論

第一節　「道德衝突」問題之意義

當父母犯下違法罪行時，做子女的人是否應予以舉發？當病人被驗出罹患絕症瀕臨死亡時，醫護人員是否應向其全盤吐實？當無情的致命病毒在空氣中擴散時，政府是否應下令將疫區完全隔離，阻斷未染病者之生機？當居民不願參與都更而遷離其住屋時，政府是否應強制其拆遷？當恐怖份子脅持人質時，警方是否應爲了保全人質而順從暴徒之要求？……這些問題曾出現於一般人的生活當中，令人倍感棘手而不易解決；就算提出解決方案，也可能引發多方爭議；就此而言，它們可被表述爲一種「議題」(issue)。

這些議題主要關連到人們的行爲，且涉及自身以外的他人。凡是涉及他人的行爲，便有是非對錯的價值可言。在哲學上，我們將這類具有價值性的行爲歸入道德範疇，而有關它們的爭議便屬於「道德議題」(moral issue)。

上述道德議題又有一些共同特色：首先，它們皆涉及一個以上的道德價值，如:「當父母犯下違法罪行時，做子女的人是否應該予以舉發？」這項議題，涉及「孝順」與「誠實」兩項道德價值。「當居民不願參與都更而遷離其住屋時，政府是否應強制其拆遷？」則牽涉「維護個人權利」和「促進公眾利益」兩項道德價值。

其次，這些議題之中描述了一種具有道德價值選取的限制性之處境。在此特定處境當中，即使行爲者（agent）內心肯認多項道德價值，但由於不同的道德價值難以在行動過程中同時被落實；因此，行爲者被迫在不同的道德價值之間，進行非此即彼的選取。

再者，由於無論行爲者決定選取何項道德價值，皆表示有的道德價值將在行動處境中被擱置或違棄；於是，在此特定處境之中的抉擇，對行爲者而言，無疑是艱難的；而此艱難性之感受，不僅興起於行爲者在行動當下的思慮之中，也出現在行爲者完成價值抉擇之後的心理反應。

最後，由於這些道德議題所描述的處境，在客觀層面上，表現爲道德價值在特定處境中的相互對立或不相容；在主觀層面上，也表達出內心舉棋不定或徬徨不已的狀態；就此而言，其中含有一種「衝突」的特性；因此，我們將之名爲「道德衝突」（moral conflict）。

對一般人而言，「道德衝突」是我們在進行道德行動時，經常遭遇的問題。我們之所以認爲，自己在行動時面臨了道德衝突，是因爲在行動之際，我們發現平日所持守的道德原則或道德信念之間發生嚴重的牴牾（repugnant），以致當我們在履行道德責任時，顧此失彼，無法面面俱圓。道德衝突的出現，向我們揭示出在具體情境中進行道德實踐時的艱難和複雜樣貌，迫使我們必須深入思考道德原則之間的取捨問題。

在西方倫理學中，十分重視對於道德衝突的探討。哲學家將如何處理道德衝突，視爲評估道德理論時不可或缺的一環。如西方倫理學者赫爾（Richard M. Hare）便曾說：「由道德哲學家對道德衝突的看法，可以清楚看到他們思想的廣度和深度；他們對此難題的解說，也許比其他方式更快暴露出其思想的膚淺。」〔註 1〕倫理學家對於道德衝突的解決方式，透露出其所提出的道德理論在實踐活動中的運作效力或適用程度，從而決定此道德理論是否足夠或趨近完備。

有論者可能質疑，上述說法是否陳義過高？其中，又可分爲兩類質疑：或謂道德理論是否必須通過道德衝突的解題檢驗，才稱得上是完善的道德理論？或謂道德理論根本無法順利消解道德衝突。

對於前一類質疑，我們必須回歸倫理學之意義來進行反省。由倫理學的本性來看，倫理學的工作主要是：一、爲人們的行爲提供價值判斷。二、合理證成這些價值判斷。三、對於道德行動做出指引。前二項屬於理論倫理學的工作，第三項屬於實踐倫理學的工作。一個完善的倫理學理論，必須同時

〔註 1〕參見 Richard M. Hare 著：〈道德衝突〉，收入 Richard M. Hare 著，黃慧英、方子華譯：《道德思維》（Moral Thinking）（臺北：遠流出版公司，1991 年），頁 34。

兼顧理論與實踐兩個面向。若倫理學家僅僅致力於提出普遍道德原則，卻不關注具體實踐的問題，在人們陷入道德衝突或兩難困境時，無法提供理性的規範或引導，則其所構作的理論只能算是一種智巧的概念遊戲或空洞的思想產物，不能成爲在道德世界中一個可欲的倫理學理論。

第二類的質疑乃出自於「反理論者」（antitheorist）的立場。持此種立場的人傾向於認爲道德理論在解決道德衝突問題上是無力的。因爲，道德理論中所主張的道德原則是從具體情境當中抽象出來的，是具有高度概括性的原則，如：「不可說謊」、「不可傷害他人」……等，這些抽象原則在一般情境中或許具有行動的指導性，但在道德衝突情境之中，卻可能因爲未顧及現況而顯得不切實際。

針對「反理論者」的質疑，相信對倫理學有一定認知的人皆會同意，即使倫理學家們經由理性反省，構作出一套論據堅實的倫理學理論，向我們說明是非善惡的標準，提示人生應遵循的規範；但是，由理論到實踐的應用過程，仍然存在許多不可預測的困難。我們可將這些困難統稱爲「脈絡中的變數」（contextual variable）。〔註2〕

「脈絡中的變數」之所以存在，是因爲在行動者進行道德實踐的過程中，其所面臨的行動處境千萬變化，所牽涉到的人事背景亦可能極其複雜。如：我們可能因與實踐情境所涉及的對象處於某種特殊關係之中，隨之背負上某種特殊責任，而影響我們同時履行其它的道德責任。又如：我們可能在履行同一道德責任時，面臨多個對象之需求，而難以在那些具有相同份位的對象之間進行取捨，決定究竟應滿足何者之需求。此時，我們著實面臨了艱困的道德抉擇。反理論者認爲，在這些情況中，規範倫理學家所提出的那些概括性的道德原則（如：效益原則或定言令式），無法對我們的行動做出進一步確切的指示。

然而，筆者認爲，我們不必因此輕易投入反理論者的陣營，否定道德理論存在的必要。因爲，道德理論對於我們的道德生活而言，仍有其不可忽視之作用；而其主要作用在於它能揭示出道德的相干成素，同時指引我們道德

〔註 2〕關於反理論者之觀點介紹與批判，參見黃慧英：〈道德理論的考察——對反理論者之回應〉及〈道德原則之建構與意義——以生命倫理之方法論爲例〉，二文分別收入黃慧英：《儒家倫理：體與用》（上海：三聯書店，2005 年），頁 3～20、21～38。

行動的方向。上述所言的情況，與其說是一種理論缺陷，不如視之爲我們將道德理論應用在現實世界中時不可免除的有限性。我們不必因爲這些有限性，便因噎廢食地去否定道德理論對於人類道德生活的效用。相反，我們可從這些有限性中，進一步修正道德理論的內容、反省道德理論的恰當運作方式，並認清道德理論與道德生活的互動關係，而這也是我們探究道德衝突問題的主要意義所在。

關於儒家倫理學之研究，學界向來以天道論、心性論和修養工夫論爲論述焦點。相較之下，有關儒家如何處理道德衝突的議題，雖見若干討論，但僅限於特定議題（如：「親親互隱」〔註3〕）或少量著作，尚未受到足夠重視。然而，道德衝突問題在儒家倫理學的研究中確有其必要性。

首先，就儒學之內涵來看，儒學作爲成德之教，其核心關懷（core concern）即在於引導人進行道德實踐，追求理想的道德人格（君子、聖人）。道德理想並非空談，必須落實於行動之中。而我們可藉由儒家如何處理道德衝突，評估儒學在解決道德問題上之效力，檢視儒家能否爲道德行動提供指引。

再者，由於西方倫理學常將能否處理道德衝突，作爲檢視一個倫理學理論是否完備的條件，並對之多所論析；那麼，探究儒家如何看待和處理道德衝突，亦可作爲儒家倫理學與西方倫理學對話之橋樑。

最後，在應用倫理學之研究上，許多複雜的當代倫理議題多表現爲道德衝突，儒學如何爲這些議題提供建議，將反映出儒學能否順利迎接挑戰、汲古開新，展現其在當今道德世界中之「時代的相干性」〔註4〕。

總之，對於道德衝突之探討，有助於澄清並加深我們對於道德原則及道德理論之認識。若我們要對儒家倫理學進行完整的認識、與西方倫理學進行交流，並致力於開發出儒學之現代意義，則不應忽視儒家對於道德衝突之思考和處理方式。本文希冀藉由對於道德衝突問題的探索，爲儒學開展出更豐富的詮釋空間。

〔註 3〕 大陸學界曾對儒家經典中所出現之「親親互隱」的主張有過激烈的正反交鋒，雙方論辯內容主要收入以下三書——郭齊勇主編：《儒家倫理爭鳴集——以親親互隱爲中心》（湖北：湖北教育出版社，2004 年），鄧曉芒：《儒家倫理新批判》（四川：重慶大學出版社，2010 年），以及郭齊勇主編：《《儒家倫理新批判》之批判》（湖北：武漢大學出版社，2011 年）。

〔註 4〕 正如鄭宗義先生強調：「唯有通過建立時代的相干性，儒學才能尋回其自身的生命力，證明其仍是一具有活力的思想傳統」。見鄭宗義：《儒學、哲學與現代世界》（河北：河北人民出版社，2010 年），頁 2。

第二節　論題之釐清

一、道德衝突

本文旨在通過儒家之經權辯證，談論儒家如何思考和處理道德衝突問題。首先釐清「道德衝突」概念在本文中的意義。承前述，「道德衝突」並非哲學上的專門用語。在日常生活當中，一般人也經常使用這個詞語。然而，在進行哲學討論時，我們有必要更清楚界定其意義，對「道德衝突」概念作出更精確的定義。

首先必須注意，「道德衝突」並非意指在不同的道德原則之間，存在著矛盾或不一致；而是指行動者在某個特定情境中，因為無法同時落實該情境中所要求的一個以上的道德原則，因而面臨了衝突。對此，黃慧英先生說：「所謂道德衝突，就是在一個道德體系內，當遇到某些處境，其中根據某個原則所作出的指令，與根據另一原則所作出的，不能執行的情況。」〔註5〕換言之，道德衝突必須產生於具體的行動情境之中。

進一步來看，「道德衝突」即是道德責任之間的衝突。〔註6〕所謂「責任」（duty），是指行動者在遵循道德原則下所必須採取的行動。當一個行動者處於以下處境時，我們便謂其面臨了道德衝突：

一、在某個行動情境中，存在兩項行動抉擇，分別為行動 A 及行動 B；其中，行動 A 符合道德原則 A'，而行動 B 符合道德原則 B'。

二、一個道德行動者必須遵循道德原則 A'，同時必須遵循道德原則 B'。

三、當我們遵循某項道德原則，意謂我們應當去做符合該項道德原則的行動。於是，我們應當做行動 A，也應當做行動 B。

四、換言之，行動 A 及行動 B 皆是我們的責任。

五、然而，在此行動情境中，存在一項困境：當我們做行動 A 時，我們將無法同時做行動 B；反之，當我們做行動 B 時，我們將無法同時做行動 A。

六、易言之，我們無法同時履行「做行動 A」及「做行動 B」兩項責任。

七、於是，我們面臨了道德衝突。

要之，道德衝突並非指兩項道德原則自身之間的不一致，而是指行動者

〔註5〕參見黃慧英：《儒家倫理：體與用》，頁 88。
〔註6〕參見 Richard M. Hare 著：〈道德衝突〉，頁 34。

在「進行道德行動」時，無法同時完成兩項道德原則所指令的行為。道德衝突不能掛空地講原則之間的衝突，而只能產生於「具體的行動情境」之中。當行動者面臨道德衝突時，意謂其正處於具有兩個以上相互衝突的道德責任之處境。

二、經權辯證

「道德衝突」（moral conflict）是西方倫理學的概念用語，不見於傳統中國哲學。然而，在傳統中國哲學中未出現「道德衝突」一詞，並不代表傳統中國哲學缺乏對於「道德衝突」問題的思考。蓋儒家對於道德衝突問題的反省與討論，主要見於儒家之經權思想。

大致而言，儒家所言的「經」，是指普遍的道德原則或社會規範，「權」則指行動者在因應道德衝突時所採取之具體行動。進一步就行動取捨的根據來看，「權」亦可被視為行動者在違反行動常態時，所採取之暫時性的道德原則。

問題是：這種在特定情境中所採取之道德原則（「權」）有無普遍性？這裡所謂「普遍性」，並非意指「權」適用於各種情境，而是指「權」對於某種特定行動情境而言是成立的；並且，依此原則所產生的行動，普遍地為一般人所認可。這意謂著：當其他行動者處於相似的特定情境之中時，也會採取相同的道德原則。換言之，「權」之「普遍性」，並非意指其「適用於所有情境」，而是指其「適用於所有理性的道德行動者」。一旦能證立「權」的「普遍性」，即顯示儒家能有效處理道德衝突。

《公羊傳》中藉由「祭仲知權」的歷史事例，提出「權者反於經，然後有善者也」的主張，說明儒家在道德衝突事件中的行動立場，是儒家經典中首度對經權關係作出表述者。對於當中的「反」字，歷來有「反背於經」或「反歸於經」兩種解釋方式。質言之，這兩種解釋並非不相容；因為，兩者分屬不同的意義層次——前者指向行動原則的表層調整，後者則強調調整後的行動原則背後所蘊含之道德意涵。

蓋「權」雖違反「經」的規範，但由於「權」在特定情境中表現出類於「經」在道德上之「普遍性」，就此而言，「權」便可提昇為另一種「經」。從這個意義上看，「經」、「權」之間展現相即不離的辯證關係。這也是本文將儒家經權思想名之為「經權辯證」之所由。

當行動者面臨道德衝突時，會發現經常性的道德規範（「經」）彼此對反〔註7〕或無法同時實行，因而必須另謀解決之道；此時，便需濟之以「權」，決定在當前處境中最合宜的行動方式。雖然，「權」在形式（行動方式）上或有悖於「經」；但在內容（道德內涵）上，卻合乎「經」義。亦即，「權」和「經」相同，皆出於追求道德實踐之目的。就此而言，「經」、「權」之對立，可通過道德實踐之歷程來達成統一，此乃「經」與「權」所呈現之辯證關係。

第三節　觀點與詮釋：學界中之經權論述

一、對於「經」、「權」進行意義分析

依前述，傳統儒學主要藉由經權概念來思考與表述道德衝突問題。當今學界對儒家經權思想之探究，已累積不少論述。首先，是對於經、權概念之分析。其中，有單就儒家某一經典或某位思想家之經、權概念進行探析者；亦有從縱向之角度，就經、權概念的發展情形進行考察者。

例如，楊澤波先生曾分析孟子之經、權概念，認爲孟子既主張「反經」，又主張「行權」。「反經」有「反歸於經」和「背反於經」二義，前者是指在一般情況下，應堅持既有的道德原則；後者則指在特殊情況下，可針對道德原則進行變通調整。至於，究竟何時應「反歸於經」？何時必須「背反於經」？端視具體情境的變化，及個人內心價值之取捨而定，楊澤波先生稱此爲「價值衡定原則」。他復對孟子之經權思想作出批評，認爲孟子強調唯有聖賢才能行權之說，使得經權思想難以落實於具體生活中；又，孟子主張行權「惟義所在」，對於行權的標準缺乏明確說明。〔註8〕

〔註7〕「對反」在邏輯上的用法是指兩個命題不能同眞。此處筆者將其借用轉化，藉以說明兩個道德規範在同一道德情境中不能同時被遵行的情況。

〔註8〕參見楊澤波：〈孟子經權思想探微〉，《學術論壇》第六期（廣西：廣西社會科學院，1997年），頁51～56。針對楊澤波先生認爲孟子主張唯有聖賢方能行權之說，筆者認爲有待商榷。楊澤波先生在文中乃是藉由伊尹放太甲的例子，引《孟子．萬章上》「有伊尹之志，則可；無伊尹之志，則篡」之說，用以說明孟子主張唯有聖賢才能行權。問題是：這段引文主要說明行權者必須有道德動機，而非在限制行權者的身份。對於楊澤波先生批評：孟子以「惟義所在」作爲行權標準，並不明確。筆者認爲，孟子所言之「義」，雖未被表述爲道德原則之形式，卻指向人內在本具的道德良知及道德實踐能力，亦即「良知」、「良能」，就此而言，不能說孟子未有明確的行權標準。

韋政通先生則曾探究朱熹的經權觀。他提到，朱子主張「反經合道爲權」之說，強調「道」與「經」、「權」爲不同層次。然而，由於「道」貫乎「經」、「權」；亦即，「經」、「權」同具「道」之意涵，如此便可順利調解孟子、漢儒及伊川之經權觀。此外，朱子將「義」、「中」、「時中」……等觀念引入經權問題之討論當中；並通過具體事例，對於行權的行爲加以考察，爲儒家建立了完備的經權論述架構。〔註 9〕林憶芝先生則曾探索《論語》、《孟子》、《公羊傳》、《春秋繁露》一路發展之經、權觀點，藉以說明朱子如何在前人基礎之上，發展出自身之經權論述體系。〔註 10〕

大致而言，學者多就本質意義及運作狀態兩個面向，對「經」、「權」概念作出分析。就本質意義而言，「經」、「權」皆以道德實踐爲依歸，可置於同一層次。此一說法，與伊川「權只是經」之說相合。就運作狀態來看，則「經」、「權」有所分別。「經」、「權」因應不同的行動時機或情境而發，分別對應於「常」、「變」。「經」爲常行之道，「權」則爲應變之道，兩者共同指向更高層次的「道」。

然而，筆者認爲，上述通過意義層次的區分，對於「經」、「權」概念加以分析之作法，只能將「經」、「權」之「形式意義」展示出來，卻未能說明「經」、「權」之「實質意義」。這裡所謂「形式意義」，可分兩點來說明：其一、「經」、「權」作爲道德原則，能滿足道德之普遍化的要求。其二、「經」、「權」之運作，則是對應於不同的行動情境及使用目的；此使用目的，終究受道德法則所決定，並非先於道德法則，更不能悖離於道德法則。然而，即使我們掌握了「經」與「權」的形式意義，我們仍未闡明儒家經權思想之實質意義；因爲，我們仍停留在概念之區分架構之中，尚未深入概念之內容。

在此，有幾個必須思考的關鍵問題。首先，若我們主張「經」、「權」共同指向「道」，則「經」、「權」共同依循的「道」，其內涵爲何？再者，若我們以「經」、「權」分別對應於「常」、「變」；那麼，爲了說明「經」、「權」，我們必須釐清「常」、「變」的意義。由於行動者所身處的時空環境及對象總是變動不居，換言之，不可能存在兩個完全相同的行動情境；那麼，我們應

〔註 9〕參見韋政通：〈朱熹論「經」、「權」——朱子倫理思想新義的發掘〉，收入韋政通：《儒家與現代中國》（臺北：東大圖書公司，1991 年），頁 75～93。

〔註 10〕參見林憶芝：〈朱子的經權說探微〉，《國立中央大學人文學報》第 25 期（2002 年 6 月），頁 37～70。

如何恰當理解「變」的概念？「常」與「變」，究竟是本質上的差異，抑或只是程度上的分別？最後，由於「常」、「變」的觀念，僅著眼於事態之分，而未能說明行動脈絡中所出現的各項責任衝突，亦未觸及行動者在道德行動中進行批判思考和綜合決斷的過程；是故，以「常」、「變」說明「經」、「權」，將限在一個側面上談「經」、「權」之分，而未能完整表述「經」、「權」在道德實踐歷程中之全幅意義。

二、運用西方倫理學概念說明「經」、「權」

有學者試圖在「常」、「變」的概念之外，藉用西方倫理學的概念來說明「經」、「權」，主要探討重點在於經權判斷之依據。如林義正先生曾通過《公羊傳》之經權思想，探討《公羊傳》倫理思維的特質。他提到，「經」、「權」與「文」、「實」概念是《公羊傳》在規則倫理思考中的特殊貢獻。「經」與「禮」（常禮）相對應，「禮」符合道德性，且爲人們所經常依循。「權」亦是「禮」，是改變「經」的行爲類型規則之「禮」；雖不合常禮表現，但因能導致善的結果，因此符合「禮」的眞正本質（「正」）。「權」是背文返質的（義務性），亦是背文就實的（目的性）。〔註 11〕

李瑞全先生則指出，當出現「道德衝突」時，儒家訴諸更根源、更高層的道德義務，來解決低層規則之間的義務衝突，並以「不忍人之心」及共同道德性作爲道德判斷之根據。儒家之道德判斷結構，是以經權原則貫穿道德原則與道德規則，配合道德人格及德行修養，提出一全面的道德指引結構。〔註 12〕

黃慧英先生引介當代倫理學者赫爾（Richard Hare）之兩層道德思維（「直覺思維」和「批判思維」），以其爲參照架構，將儒家的「經」、「權」概念視爲赫爾兩層道德思維之類型展示。她並且指出：「經」、「權」同爲道德原則，分別對應於一般的（「常」）與特殊的（「變」）的行動處境。儒家經權原則之建立，乃是以「仁心」爲基礎。由於「仁心」普遍內在於人；因此，儒家可確立經權原則在特定情境中之普遍有效性。〔註 13〕

〔註 11〕參見林義正：《春秋公羊傳倫理思維與特質》（臺北：臺灣大學出版中心，2003 年），頁 136～143。

〔註 12〕參見李瑞全：〈經權原則與道德判斷〉，收入李瑞全：《儒家生命倫理學》（臺北：鵝湖出版社，2000 年），頁 71～90。

〔註 13〕參見黃慧英：〈再論儒家對道德衝突的消解之道〉，收入黃慧英：《儒家倫理：體與用》，頁 87～105。

在上述說法中，林義正先生認為，經權判斷必須兼顧義務性和目的性；李瑞全先生及黃慧英先生則皆指出，儒家以「人皆有之」的仁心作為根據，由此確立經權原則，從而保證經權原則之普遍性。對於相關看法，筆者以為，此中尚存部份疑問有待釐清。如：對儒家而言，是否存在高、低層次的道德義務？若有，其區別之標準為何？又，當義務和目的相互衝突時，仁心如何選取行動原則，儒家如何作出經權判斷？儒家是義務論者？目的論者？抑或不完全適用於西方倫理學理論之解釋架構？

三、由詮釋學之角度看經權關係

由於「權」的運用對於「經」而言，有將「經」之意義加以拓深的效果，以致我們能通過「權」，探析「經」的深層意義。就此而言，有學者認為，我們或可由詮釋學的角度，論述經權關係。

例如，林維杰先生通過概念史追溯「經」概念之發展情形。他提到，「經」的字源意義為「縱絲」，引申有「規範」之意義。其後，「經」又被用以代表一種表現「道」的規範性文本，必須通過後世持續的理解，延續其價值。林維杰先生主張，「經」文本的詮釋學模式可用於儒家之經權論述，形成一種「倫理學的詮釋學模式」。在特殊情境中的「權宜」（「權」的淺義）是「權衡」（「權」的深義）的表現。「權宜」總預設著「權衡」，而我們可藉由「權衡」以確定「經」義。對於「經」義的理解，必須在具體的行動情境中，化為對「經」義的衡量。換言之，「權」對於「經」有限定、確定的作用；我們可經由「權」，達成對於「經」的正確理解。〔註 14〕

林遠澤先生則主張，我們可通過行動詮釋學、交友理論以及交互主體性的行動方式，了解儒家倫理學中道德規範之普遍化基礎，並說明儒家如何因應禮樂在歷史變動中之因革損益。〔註 15〕作為儒家道德基礎之「仁」，包含「克己」與「復禮」之辯證統一的關係，是同時具有道德立法與社會整合的主體性實踐能力。〔註 16〕

〔註 14〕參見林維杰：〈知行與經權——朱熹哲學的詮釋學模式分析〉，《中國文哲研究集刊》第 27 期（臺北：中央研究院中國文哲研究所，2005 年），頁 185～213。

〔註 15〕參見林遠澤：〈知言與知人——論儒家普遍主義倫理學的行動詮釋學基礎〉，收入周大興主編：《理解、詮釋與儒家傳統：展望篇》（臺北：中央研究院中國文哲研究所，2009 年），頁 89～126。

〔註 16〕參見林遠澤：〈克己復禮為仁——論儒家實踐理性類型學的後習俗責任學重構〉，《清華學報》42 卷 3 期（新竹：清華大學，2012 年），頁 401～422。

林維杰先生及林遠澤先生之說有一共通之處，亦即：從詮釋學的觀點看儒家倫理學時，理論與實踐並不表現爲實然、應然的對立二分架構；反之，理論的建構與實踐的應用，兩者之間呈現不可分割的互詮關係。

儒家之經權論述，自先秦以來，即處於不斷被詮釋的過程，這種現象尤見於宋明儒學。在此意義下，由詮釋學的角度探討儒家經權思想，確有其慧見。然而，對於經權關係的理解，不同儒者之間可能出現相異的思考及詮釋方式，究竟何種詮釋較能展現儒家經權辯證之特色？「經」與「權」，是深、淺之具？常、變之分？或是體、用之別？儒者如何通過上述各組概念工具，掌握經、權之內涵？對此，本文將有所討論。

四、通過具體性思維論述「經」、「權」

最後，由於「權」的運用關聯到具體的道德實踐；因此，學界中關於儒學「具體性的思維方式」之研究，亦可被一併納入本文的參考視域之中。如林啓屏先生認爲，我們可由清儒「以禮代理」、「達情遂欲」等主張中，抉發儒學之具體實踐面向。袁保新先生則主張，我們可跳脫主體性原則的詮釋方式，從海德格基本存有論的角度來詮釋儒學。〔註 17〕簡言之，所謂「具體性的思維方式」，乃是「即事以窮理」，通過具體事物或歷史事例來論證抽象原理，意在突顯人的歷史性及情境性，而其運作之方式則有類推論證、歷史論證……等。〔註 18〕

相較於西方哲學，中國哲學不重理論哲學，而重實踐哲學；不顯抽象思維，而重具體思考。是故，在傳統儒家中，對於許多概念的表達和理解，乃是採取當機指點的方式，針對不同的行動情境提出不同的解答，而非直接通過定義來進行。因此，當我們在探究儒家之經權思想時，亦可在儒家對於歷史事例的評斷當中，發現儒家如何即事言理、依事顯理，分析出其中蘊涵之概念意義及價值取向，進而抉發儒家倫理學之實質內涵。

〔註 17〕參見林啓屏：〈乾嘉義理學中的「具體實踐」〉，收入林啓屏：《儒家思想中的具體性思維》（臺北：學生書局，2004 年），頁 137～200。參見袁保新：〈什麼是人？：孟子心性論與海德格存有思維的對比研究——兼論當代孟子心性論詮釋的困境及其超克〉，收入袁保新：《從海德格、老子、孟子到當代新儒學》（臺北：臺灣學生書局，2008 年），頁 121～158。

〔註 18〕參見黃俊傑：〈孟子思維方式的特徵〉，收入黃俊傑：《孟學思想史論》（臺北：東大圖書公司，1991 年），頁 3～27。

第四節　方法與進路：描述、規範與批判

本文之論述策略主要分爲描述、規範及批判三個部份。在「描述」的部份，筆者將在第二章中就概念發展、運作方式和具體效用三方面，分析儒家經、權概念之意義。接著，在第三章中，通過對於宋明儒者對於經權關係之論辯，說明儒家如何在思想詮釋與行動實踐兩方面，進行經權辯證，從而反映儒家倫理學中的具體性及引導性之特色。

此外，由於儒家之經權思想乃是爲了因應道德衝突而發，因此，我們不單要分析經、權概念之意義，同時必須從儒家對於歷史事例的評斷內容中，了解儒家的對於道德衝突問題的處理方式。因此，本文第四章中將整理出儒學經典中有關道德衝突問題之代表事例，將其形態進行分類，並分析其中所反映之經權辯證意涵。

在「規範」的部份，本文將引介西方三個主要的倫理學理論——義務論、效益主義與德性倫理學——對於道德衝突問題之思考方式，從中反思其理論得失，並歸結出解決道德衝突問題的幾項可能依準：「普遍性」（universality）、「具體性」（specificity）、「融貫性」（coherence）、「人格整全性」（integrity）以及「道德的證成」（moral justification）。

最後是「批判」的部份，本文將就西方倫理學與儒家對於道德衝突的解決之道，進行對照反思，再對於儒家通過經權辯證處理道德衝突問題之方式，作出總結式的評論。

第一章 「經」與「權」之意義

君子反經而已矣。經正，則庶民興；庶民興，斯無邪慝矣。

——《孟子・盡心下》

權者反於經，然後有善者也。

——《公羊傳・桓公十一年》

第一節 「經」與「權」作爲「關鍵概念」

當我們試圖通過體系化的方式，理解或重構中國哲學思想時，我們會在龐雜的文獻材料中，找到數個最重要的概念，分析那些概念所指涉之意義面向及內涵；這些概念，我們稱之爲「關鍵概念」、「哲學範疇」或「觀念字」。〔註 1〕

如何確定在文本中的某一概念是「關鍵概念」？首先，它們多半在文本中頻繁出現，如：《論語》中的「仁」出現 109 次、「禮」出現 75 次、《孟子》中的「義」出現 107 次，而這些概念顯然屬於《論》、《孟》之關鍵概念。不過，概念在文本中出現次數之統計結果，僅能作爲我們在尋找關鍵概念時的引路標。在此之外，我們尚且必須通過文本的中心議題及論述脈絡，考察概念之意義，方能進一步判斷其是否作爲關鍵概念。

此外，由於概念出現之次數多寡受文本篇幅影響，因此亦不宜完全作爲不同文本之間概念重要程度比較之依據。例如，我們不會因爲《孟子》的「性」字僅 37 見，而《荀子》的「性」字多達 119 見，便以爲荀子論「性」重於孟

〔註 1〕關於中國哲學範疇或觀念字的說明，參見張岱年：《中國古典哲學概念範疇要論》（北京：中國社會科學出版社，1987 年），頁 1～2；鄭吉雄主編：《觀念字解讀與思想史探索》（臺北：臺灣學生書局，2009 年），頁 i～ii。

子；或因《道德經》中的「道」字有 76 個，而《莊子》中的「道」字出現多達 368 次，就主張老子重「道」不若莊子。

關鍵概念的第二個特徵是作爲諸概念之意義樞紐，使其它概念之意義得以通過該關鍵概念獲得詮釋。如《禮記》中云：「誠者，天之道也；誠之者，人之道也。誠者不勉而中，不思而得，從容中道，聖人也。誠之者，擇善而固執之者也。」（〈中庸〉）〔註 2〕，當中的「誠」概念，是天道與人道共同的意義內涵。通過「誠」的概念，可嫁接「天」、「人」關係，並揭示「中」、「道」、「善」諸概念之意義。就此而言，「誠」可作爲儒家形上思想及儒家倫理學之關鍵概念。

關鍵概念的第三個特徵，是與另一概念共同組成一對「關係範疇」，通過兩者間的意義互動，藉以傳達某個重要議題及主張。如《論語》中的「仁」、「禮」，即是在意義上彼此相依的概念組合。《論語》有言：「人而不仁，如禮何？人而不仁，如樂何？」（〈八佾〉），又云：「知及之，仁不能守之，雖得之，必失之。知及之，仁能守之，不莊以蒞之，則民不敬。知及之，仁能守之，莊以蒞之，動之不以禮，未善也。」（〈衛靈公〉）一方面，孔子反對形式化的禮樂表現（虛文），主張以「仁」作爲「禮」、「樂」的實質內涵或精神基礎；另方面，孔子亦強調人必須通過「禮」來表現「仁」，若缺乏禮儀的教化導引，人所涵具之善性無法有適當的表現。由此可見，「仁」、「禮」實爲儒家倫理學之關鍵概念。

在儒家哲學中，有許多用以闡述儒家倫理思想之「關係範疇」，如：「仁」與「義」、「心」與「性」、「知」與「行」、「經」與「權」……等。其中，「經」與「權」主導儒家關於道德衝突之論述。因此，在本章中，筆者擬由「經」、「權」概念切入，通過對於「經」、「權」之分析，釐清「經」、「權」在儒家倫理學中之意義。

以下將通過三部份進行，分別是「經」與「權」之概念發展、運作方式和具體效用。首先探討「經」、「權」之概念發展，通過字源分析，掌握「經」、「權」概念的原初意義；再藉由文獻分析，考察「經」、「權」在儒學經典中的用法，尋繹出「經」、「權」的意義演變及分化的軌跡。在進行考察時，主

〔註 2〕 本文所引《禮記》原文悉以高明先生的《大戴禮記今註今譯》爲據。出版資料請參見文末「徵引書目」。

要依動詞和名詞兩類語詞屬性，將「經」、「權」在儒學經典中之用例，做出分類整理，而後行文申論之。

由於本文關切議題在於儒家如何處理道德衝突，是以對「經」、「權」概念之探究，將著眼於「經」、「權」概念之諸多用法中，具倫理學意涵者，亦即涉及倫理規範、道德判斷或行爲實踐者，至於其它用法，僅約略提及而不及深究。此外，由於「經」、「權」概念在先秦時期已取得成熟的發展，其後兩漢儒學、宋明儒學中關於「經」、「權」的意義用法，大抵不出其外。因此，關於「經」、「權」概念用法之考察，將以先秦爲範圍。

其次，由於「經」、「權」是一組關乎道德實踐活動的概念，因此具有其「脈絡性意義」。所謂「脈絡性意義」是指概念出現在脈絡中的意義。其中之「脈絡」，乃指具體的行動脈絡，亦即行爲者身處的時空環境。在道德實踐的過程中，當行動者面臨道德衝突情境時，由於發現原有之道德規範在實行上出現相互牴牾、窒礙難行的情形，因此不得不另作考量，展現因時制宜的能力；而儒家關於「經」、「權」概念之說明，即扣緊這種行動脈絡而言。爲了突顯「經」、「權」之「脈絡性意義」〔註3〕，亦即「經」、「權」在具體行動脈絡中的意義，本文將就「經」、「權」之運作原則、運作範圍及運作能力，探討「經」、「權」之運作方式。

最後，本文將通過軌範指向及適應指向，分別說明「經」、「權」在道德實踐活動中所可能達成之具體效用。

第二節 「經」與「權」之概念發展

一、「經」概念之發展

金文中已見「經」字，如《虢季子白盘》中有「經維四方」，《齊陳曼簠》中有「肇堇經德」之說。〔註4〕據郭沫若先生的考察，「經」的初字爲「巠」，「巠」爲象形字，所象者爲織機上之直絲，「經」則爲後起字。〔註5〕《說文》

〔註3〕對於儒家倫理語詞的「脈絡性」之說明，參見柯雄文：〈儒家倫理思想的概念架構〉，《哲學雜誌》第19期（臺北：業強出版社，1997年2月），頁143。

〔註4〕轉引自張立文：《中國哲學範疇發展史：人道篇》（北京：中國人民大學出版社，1995年），頁709。

〔註5〕參見郭沫若：〈金文餘釋〉，收入郭沫若：《金文叢考》（北京：北京人民出版社，1954年），頁182。

中將小篆之「經」字釋爲「織（從絲）也」〔註6〕，《玉篇》則云：「經緯，以成繒帛也」〔註7〕，其中，經爲直絲，緯爲橫絲。由上可知，「經」的原始意義即指編織物之縱絲（直線）。由於織布時必須先織直絲而後橫絲，使「經」有引申爲事物之起始、範式之意。戴侗在《六書故》中即說到「凡爲布帛必先經而後緯，故經始、經營、經常之義生焉。」徐灝在《說文解字注箋》中則云：「蓋織以經爲主，而後緯加之。經者，所以織也，經其常也。……大經猶言大綱，故經常亦曰綱常也。」〔註8〕可見「經」作爲「經常」之義乃由「縱絲」之字源義合理衍生而來。

「經」在《詩經》中凡 7 見，全作動詞用。有作籌劃、治理之意，如：「經始靈臺，經之營之。庶民攻之，不日成之。經始勿亟，庶民子來」（《大雅・靈臺》），「江漢湯湯，武夫洸洸。經營四方，告成于王」（《大雅・江漢》），「旅力方剛，經營四方」（《小雅・北山》）；有作遵循之意，如：「匪先民是程，匪大猶是經」（《小雅・小旻》）。〔註9〕

「經」在《尚書》中凡 5 見，全作動詞用。有建造之意，如：「卜宅。厥既得卜，則經營」（《周書・召誥》）；有延續之意，如：「不知天命不易、天難諶，乃其墜命，弗克經歷。嗣前人，恭明德」（《周書・君奭》）；有治理之意，如：「論道經邦，燮理陰陽」（《周書・周官》）；有持守之意，如：「在昔殷先哲王，迪畏天，顯小民，經德秉哲」（《周書・酒誥》），「與其殺不辜，寧失不經」（《虞書・大禹謨》）。〔註10〕其中，「經德秉哲」之說，強調國君必須具有道德意識，以之作爲治國之必要條件，透露出道德觀念向政治領域延伸的趨勢。而「寧失不經」之說，警勉人勿僵守常法而不知應變，必須視情況權宜行事，顯示出「經」概念的運作開始涉及倫理學的批判反思面向。

〔註6〕參見〔清〕段玉裁：《段說文解字注》（臺北：文化圖書公司，1979 年），頁 669～670。「從絲」二字乃段玉裁依《太平御覽》卷 826 補之。關於織從絲之「從」，有後人代之以「縱」，段玉裁不以爲然；他引毛詩之「衡從其畝」佐證「從」即有直之意，不必強代爲「縱」。

〔註7〕〔梁〕顧野王：《玉篇》，收入鍾謙鈞等彙刻：《古經解彙函：附小學彙函・續附十種》（臺北：中新書局，1973 年），頁 3446。

〔註8〕轉引自張立文：《中國哲學範疇發展史：人道篇》，頁 710。

〔註9〕本文所引《詩經》原文悉以馬持盈先生的《詩經今註今譯》爲據。出版資料請參見文末「徵引書目」。

〔註10〕本文所引《尚書》原文悉以屈萬里先生的《尚書今註今譯》爲據。出版資料請參見文末「徵引書目」。

在《周易》、《禮記》、《左傳》中，「經」開始出現名詞用法。《周易》有云：「雲雷，屯；君子以經綸」（〈屯・大象卦〉），「顛頤，拂經，于丘頤，征凶」（〈頤・六二・爻辭〉），「拂經，居貞吉，不可涉大川」（〈頤・六五・爻辭〉），〔註 11〕當中的「經」均表「常道」之意。

在《禮記》中，「經」字凡 15 見，有用作動詞者，亦有用作名詞者。作動詞者，有表遵循之意，如：「古之制禮也，經之以天地，紀之以日月，參之以三光，政教之本也」（〈鄉飲酒義〉）；有持守、常行（經常性的施行）之意，如：「君子之於禮也，有直而行也，有曲而殺也，有經而等也」（〈禮器〉）。用作名詞的「經」，則多作原則、綱紀解，如：

> 故必舉其定國之數，以爲禮之大經、禮之大倫。（〈禮器〉）
>
> 著誠去僞，禮之經也。（〈樂記〉）
>
> 此孝子之志也，人情之實也，禮義之經也，非從天降也，非從地出也，人情而已矣。（〈問喪〉）

「禮之大經」、「禮之經」、「禮義之經」，當中的「經」，是指制定或施行禮的原則，類似的用法也出現在〈樂記〉中，如「倡和清濁，迭相爲經」，其中的「經」概念，乃是用以說明編製或演奏音樂時，所應遵循的表現原則。「經」亦有指「禮」之種類、範疇者，如「禮有五經，莫重於祭」（〈祭統〉）。無論是作爲「禮」的原則或「禮」之範疇，「經」概念皆是在談論「禮」的脈絡中出現，是用以說明「禮」的一個子概念。「經」概念與「禮」概念的結合，突顯了「禮」的規範性意涵。値得注意的是，《禮記》在論及「禮」之「經」時，已強調「禮」的運作必須注入實質的精神內涵，發自眞誠無僞之心志。此外，我們亦可見到，《禮記》關於「經」字的用法，有獨立出現而不依隨「禮」概念者，如：

> 凡爲天下國家有九經，曰：修身也，尊賢也，親親也，敬大臣也，體群臣也，子庶民也，來百工也，柔遠人也，懷諸侯也。（〈中庸〉）
>
> 唯天下至誠，爲能經綸天下之大經，立天下之大本，知天地之化育。（〈中庸〉）

「九經」是指國君應遵循的九項治世原則，天下之「大經」指向天地萬物運

〔註 11〕本文所引《周易》原文悉以陳鼓應、趙建偉二先生的《周易今注今譯》爲據。出版資料請參見文末「徵引書目」。

行之道。由治世之法進到天下運行之道，「經」的概念逐漸抽象化，且其意義層次更加提昇，用以表示天地萬物運行之常法、常道。

此外，作爲「經書」意義的「經」概念，亦見於《禮記》當中，如〈學記〉云：「一年視離經辨志，三年視敬業樂群，五年視博習親師。」歸言之，針對《禮記》中的「經」概念，我們可以觀察到以下幾個特點：一、「經」概念開始與「禮」有了密切的連結，用以表示施行「禮」之原則。二、「經」概念多用於政治領域之中，作爲國君治理之道。三、「經」的意義更加抽象化、多元化，在儒家思想中的義理地位，益趨重要，幾近等同於天道、常道等觀念。

《左傳》中的「經」字凡26見，作爲動詞者，有遵循之意，如「從君命，經德義，除詬恥」（《左傳・哀公二年》）；有治理之意，如：「芒芒禹跡，畫爲九州，經啓九道。」（《左傳・襄公四年》），「禮，經國家，定社稷，序民人，利後嗣者也」（《左傳・隱公十一年》），「夫晉國將守唐叔之所受法度，以經緯其民」（《左傳・昭公二十九年》）；或表開啓之意，如「芒芒禹跡，畫爲九州，經啓九道」（《左傳・襄公四年》）。類於《禮記》，在《左傳》中，作爲名詞的「經」亦多被用以指稱「禮」之施行原則，如「凡諸侯同盟，於是稱名，故薨則赴以名，告終、稱嗣也，以繼好息民，謂之禮經。」（《左傳・隱公七年》），「恕而行之，德之則也，禮之經也。」（《左傳・隱公十一年》）；「經」亦有表示治世原則者，如：「昔歲入陳，今茲入鄭，民不罷勞，君無怨讟，政有經矣。」（《左傳・宣公十二年》）；同時，「經」作爲常道的用法，也同時出現：

> 禮，上下之紀、天地之經緯也，民之所以生也，是以先王尚之。（《左傳・昭公二十五年》）
>
> 夫禮，天之經也，地之義也，民之行也。天地之經，而民實則之。（《左傳・昭公二十五年》）〔註12〕

以「禮」作爲天地運行之常道的「經」，崇禮意味十分明顯，反映出禮樂衰頹、社會紛亂的時代背景，亦突顯欲通過禮樂教化挽救時弊之思想。

《論語》中之「經」字僅出現於一處，「自經於溝瀆而莫之知也」（〈憲問〉），其中的「自經」表自縊。《孟子》中「經」字凡10見，作動詞者，如：「經德不回，非以干祿也」（〈盡心下〉），其中「經」表持守之意，「經德」（遵循道

〔註12〕本文所引《左傳》原文悉以李宗侗先生的《春秋左傳今註今譯》爲據。出版資料請參見文末「徵引書目」。

德原則行事）而不爲求干祿，儼然有嚴辨義利之意涵。至於《孟子》中作名詞之「經」，或表疆界之意，如：「夫仁政必自經界始」（〈滕文公上〉）；或作常道之意，如：「君子反經而已矣。經正，則庶民興；庶民興，斯無邪慝矣。」（〈盡心下〉）。〔註 13〕關於君子反經之說，由上下文脈判斷，由「反經」接著言「經正」，則「反經」之「反」當作「復反」解釋。君子反經之說，主要在拒斥鄉愿之行，強調君子行事應合於常道，如此方能教化百姓，使百姓起而效法君子之直道而行。「經」概念與「君子」（理想的道德人格）概念相連繫起來，將「經」定位爲具有倫理學意涵的規範性概念。

《荀子》中的「經」概念見於 17 處，作動詞者，多作「治理」之意，如：「經國定分」（〈非十二子〉），「經緯天地而材官萬物」（〈解蔽〉）。作名詞者，或作方法、途徑而言，如：「學之經，莫速乎好其人，隆禮次之」（〈勸學〉）；或作經書解，如：「學惡乎始？惡乎終？曰：其數則始乎誦經，終乎讀禮」（〈勸學〉）；〔註 14〕或作原則之意，如：「治之經，禮與刑，君子以脩百姓寧。」（〈成相〉），說明荀子以禮儀及刑律爲治國之原則，影響了漢代之後以三綱五常爲治道之本的政治思想。「經」亦作常道之意，如：「偏黨而無經，聽之辟也」（〈王制〉），「凡人之患，蔽於一曲，而闇於大理。治則復經，兩疑則惑矣」（〈解蔽〉），「道也者，治之經理也」（〈正名〉）。〔註 15〕

以上整理了「經」概念出現在先秦儒家各主要典籍中的意義用法。從詞類屬性來看「經」的意義，作爲動詞的「經」主要有「治理」和「遵循」二義。就行動的對象而言，當「經」作「治理」而言時，治理的對象爲國家社稷，此時「經」代表一種具有治國成效的政治行動。當「經」作「遵循」解時，遵循的對象爲常道。常道是一形式化的概念，其實質內涵則隨使用脈絡而有所不同。在政治領域中的常道，是指封建體制下種種具體的禮儀規範。

〔註 13〕本文所引《論語》、《孟子》、《大學》原文悉以朱熹的《四書章句集注》爲據。出版資料請參見文末「徵引書目」。

〔註 14〕林維杰先生認爲，在《荀子》中，將「經」作爲「途徑」的用法，標示出「經」作爲通往眞理之路，提升了「經」的權威意涵，配合「經」作爲「經書」之意，有助於那些被儒家認可爲「經」的著作，取得權威性的典範地位。漢武帝時，董仲舒舉〈賢良對策〉，獨尊儒術，其後設立五經博士，使得儒家經典之地位再度獲得確立。參見林維杰：〈知行與經權——朱熹哲學的詮釋學模式分析〉，頁 199～200。

〔註 15〕本文所引《荀子》原文悉以王先謙的《荀子集解》爲據。出版資料請參見文末「徵引書目」。

在倫理思想中的常道，則是指出於道德考量、合乎道德的行動。大體而言，作爲動詞的「經」，其運作範圍一開始著重在政治領域，其後逐漸向道德領域延伸。此種意義發展趨勢，反映出先秦儒家欲通過道德教化賦予禮樂制度實質內涵，以挽救當時禮樂衰頹之弊的意圖。

在先秦儒家經典中，作爲名詞的「經」主要有兩個重要義涵，一爲「常道」，一爲「經書」。關於「經」如何演變而有「常道」義，有二說可參。其一爲段玉裁之說。段玉裁曰：「織之從絲謂之經。必先有經，而後有緯。是故三綱、五常、六藝，謂之天地之常經。」〔註16〕段玉裁認爲，由於織物時「必先有經而後有緯」，必須先編織直線，作爲定位之所據，方能進行其後的編織步驟，完成整個編織物，可見在進行編織時，一開始所織之直線，對於接下來的編織行動，有指引之作用。將此「指導行事」之義進一步引申，則「經」成爲治理事物時之規範，再推充此義，「經」便作爲萬事萬物之綱常、法則，等同於「常道」。

段玉裁對於「經」如何由織物之「直線」演變爲「常道」的說明，乃著眼於事物進行之程序，以「經」先「緯」後，而就「經」的先導作用，推出「經」作爲「常道」之意義。但其實「常道」之「常」義，不必落在時間先後順序的架構中來解釋。蓋「常道」之所以「常」，在其能超越時空限制，以爲萬事萬物之原理法度。因此，以「經」之先行義推出經之常道義的說法，有待商榷。

對於「經」如何演變而有「常道」義的另一說，是取「經」之原始義（作爲織物之直線）中的「直」概念，認爲可由「直」之意涵，引申出規範、常道之義。〔註17〕此引申方式，乃著眼於「直」能「取正」，與「常道」之指導、救正事物的內涵，有相類之處，據此推出「經」之「常道」義。比較前後兩說，筆者以爲，後說較前說能顯現「道」之實質內涵，較爲可取。

「經」在儒學史中另一重要意涵是作爲「經書」之義。據張端穗先生的考察，用「經」來指稱重要典籍，可能始於春秋末期，如《國語》中的「挾經秉枹」。戰國中期之後，「經書」的概念已十分通行。《荀子》有「始乎誦經，終於讀禮」（〈勸學〉）之說，《禮記》中有「離經辨志」（〈學記〉）之說，《莊

〔註16〕〔清〕段玉裁：《段氏說文解字注》，頁670。

〔註17〕參見林維杰：〈知行與經權——朱熹哲學的詮釋學模式分析〉，頁199～200。

子》中更明言：「丘治詩、書、禮、樂、易、春秋六經」(〈天運〉)〔註 18〕，可見以「經」指稱儒家重要典籍已屬慣例。〔註 19〕儒家以外，戰國中期後的墨、道等學派，亦將其學派之重要典籍稱爲「經」者。如墨家後學著有《墨經》，當中以「經」、「說」爲體例：「經」即經文，「說」是對「經」的解釋和補充；又如 1973 年長沙馬王堆漢墓出土了失傳二千年的《黃帝四經》，其中即有兩篇題爲〈經法〉和〈十大經〉。〔註 20〕

「經」之所以被各家用來指稱其學派之重要典籍，乃由於其中所載之內容，被視之爲各家奉行不移之「常道」，冀爲後世所依循。也就是說，「經」作爲「經書」之義，是「經」作爲「常道」義的衍生用法。雖然「經」概念作爲「經書」之義，在「經」的意義演進過程中，後出於「常道」義；「經書」和「常道」兩義，卻有相互支持和發展之作用。一方面，當作品能文以載道，載有合乎「常道」之內容時，便可晉身爲各家「經書」之地位；另方面，當後世不間斷地將「經書」加以解讀、流傳時，則有助於延續和活化「常道」之內容。我們可由整部儒學史幾乎作爲儒學各個「經書」的詮釋史可知，儒家所理解的常道(「經」)，並非僵化不變的規範或教條，而是能與時俱進、因應世變的思想內容。就此而言，「經書」之概念內涵，與「經」、「權」概念強調具體性、靈活性之思想特性，有可相互發明之處。對此，林維杰先生便指出，「經」、「權」所表現的常道與變通的倫理學模式，可連結到「經」作爲規範性文本如何在特殊情境中亦普遍適用的有效性問題，而對之有所啓迪。〔註 21〕

二、「權」概念之發展

「權」字不見於甲骨文及金文，小篆中始出現「權」。關於「權」之字源

〔註 18〕本文所引《莊子》原文悉以陳鼓應先生的《莊子今注今譯》爲據。出版資料請參見文末「徵引書目」。

〔註 19〕轉引自張端穗：〈《春秋公羊傳》經權觀之內涵、緣起及意義〉，收入張端穗：《西漢公羊學研究》(臺北：文津出版社，2005 年)，頁 108。

〔註 20〕《黃帝四經》於《漢書》中被劃分爲道家類，且其成書於戰國早中期的看法亦爲多數學人所接受，如陳鼓應、白奚、胡家聰等先生均持此說。參見陳鼓應註譯：《黃帝四經今註今譯》(臺北：臺灣商務印書館，1995 年)；白奚：《稷下學研究：中國古代的思想自由與百家爭鳴》(北京：三聯書店，1998 年)；胡家聰：《稷下爭鳴與黃老新學》(北京：中國社會科學出版社，1998 年)。

〔註 21〕參見林維杰：〈知行與經權——朱熹哲學的詮釋學模式分析〉，頁 205～206。

有二說，其一源自許慎之說。《說文》中謂「權」乃「黃華木」。「權」字後假借爲「縣」，「縣」即「錘」也。稱錘用以稱物之輕重，引申此稱重之義至人事之上，即有權衡行事之意。〔註22〕另一說出自張參《五經文字》，以「攡」爲「權」的古字，而「攡」爲爲「拳」、「卷」之異體。段注《說文》以「權」、「拳」、「捲」皆相通，意謂以手捲物，有「勇力」、「拳勇」之義。〔註 23〕由於許慎之說較能順利解釋「權」概念如何由原初意義延伸爲一倫理學概念，故爲一般學界所採。

《詩經》中之「權」字凡二見，均作名詞，如：「於我乎夏屋渠渠，今也每食無餘。于嗟乎，不承權輿。於我乎每食四簋，今也每食不飽。于嗟乎，不承權輿。」(《詩經・秦風》)，其中的「權」表初始之意。《尚書》中「權」字凡二見，作名詞者，見於〈秦誓〉:「朋家作仇，脅權相滅」，當中的「權」表君命之意。作動詞者，見於〈呂刑〉:「上刑適輕，下服；下刑適重，上服，輕重諸罰有權。」其中的「權」表衡量之意，此處乃是指就犯行輕重給予適當的刑罰。由此可見，《尚書》中已出現「隨具體情況來衡量行動方式」的「權衡」概念。

《周易》中亦出現「權」概念，「井以辯義，巽以行權。」(〈繫辭下傳〉)，說明了行權的方式是「巽」，「巽」是謙遜柔順之意，引申有體貼入微之意。「巽以行權」的意思即是在深入體察物事後，決定如何因應實際狀況而行動。可見《周易》中對於「權」的思考，已進到對於行權方式的省思。

《禮記》中「權」字凡 11 見，作名詞者，有稱錘之意，如：「日夜分，則同度量，平權衡，正鈞石，角斗甬」(〈月令〉)，「立權度量，考文章」(〈大傳〉)，「故規矩取其無私，繩取其直，權衡取其平，故先王貴之」(〈深衣〉)。值得注意的是，這當中已有藉稱物方式（取得秤桿平衡）來喻示行事應進退得宜的想法。

《禮記》中之「權」作動詞者，有衡量之意，如：「凡聽五刑之訟，必原

〔註22〕《說文》:「權，黃華木，從木雚聲。一曰反常。」《爾雅・釋木》:「權，黃英。」《爾雅・釋草》:「權，黃華。」段玉裁《說文解字注》:「許則英、華字互易。」另外，王筠《說文句讀》中謂：「許慎合二條爲一，以權爲黃華木。」徐灝在《說文解字注箋》中則主張權「借爲權衡之權，今所謂秤錘也。衡主平，秤物之輕重。」轉引自參張立文：《中國哲學範疇發展史：人道篇》，頁 710。

〔註23〕轉引自葛榮晉：《中國哲學範疇導論》(臺北：萬卷樓圖書公司，1993 年)，頁 573、587。

父子之親、立君臣之義以權之。」(〈王制〉) 此處在論及「權」時，並未明言聽訟或斷獄的過程是否涉及道德衝突的事件，以寬泛意義的權衡作解，亦即指向一種對於行動（判決行動）內容的考量。由於此處之「權」用於裁量刑罰輕重，而以親親和尊尊原則作爲聽訟時優先被考量的原則，若以聽訟的根本目的在於裁決是非，等於主張，親親及尊尊原則即是作爲判定行動之是非對錯的標準。由此可見，在《禮記》中關於「權」的思考已更加深入，進到對於行權依據之說明。

《禮記》中又提到：「有恩有理，有節有權，取之人情也。恩者仁也，理者義也，節者禮也，權者知也。仁義禮智，人道具矣」(〈喪服四制〉)，儒家以仁義禮智作爲人性之四種潛具之善端，若將此四端充份實現出來，即是四德之體現，亦是人道之完成。而「權」在此被視爲「知」(「智」) 的充份表現，可見儒家以「權」爲道德行動中不可或缺的部份，可視之爲道德活動中的理性運思。

《左傳》中之「權」凡七見，其中作爲名詞之「權」，如：「既有利權，又執民柄，將何懼焉？」(《左傳．襄公二十三年》)，或如「有天之贊，有民之助，有堅守之心，有列國之權，而弗敢宣也。」(《左傳．昭公二十七年》)，其中的「權」作權柄、權勢解，以「權」概念代表君王的統治勢力，使「權」概念與政治領域產生緊密連結關係。在儒家，內聖與外王在道德實踐上原就有相互連貫的意義，在政治行動中的抉擇，亦須通過道德標準的檢視，而儒家對於政治事件中所下的註腳，往往是對其中涉入的人物進行道德上的對錯評斷。由於儒家在政治領域中懷抱著深切的道德意識，兩漢時期之後，當作爲道德實踐成素之一的「權」概念逐漸淪爲政治籌碼，脫離其所承載的道德意涵，淪爲權謀概念時，便成爲捍衛儒家道統的宋明儒者所極力批判的對象。

《左傳》中作爲動詞的「權」字，有「衡量」之意，如「書曰『鄭公子歸生弒其君夷』，權不足也。」(《左傳．宣公四年》) 這是以「權」對鄭公子的行動進行道德評價。此外，「權」又有「謀慮」之意，如「前茅慮無，中權，後勁。」(《左傳．宣公十二年》) 無論作爲「衡量」或「謀慮」，「權」皆表明在行動中進行審慎的思慮計量的能力。

《論語》中的「權」見於三處，其中「謹權量，審法度」(〈堯曰〉) 中的「權」作「稱錘」解。較爲重要的「權」概念則見以下二例：

> 逸民：伯夷、叔齊、虞仲、夷逸、朱張、柳下惠、少連。子曰：「不降其志，不辱其身，伯夷、叔齊與！」謂：「柳下惠、少連，降志辱身矣。言中倫，行中慮，其斯而已矣。」謂：「虞仲、夷逸，隱居放言。身中清，廢中權。我則異於是，無可無不可。」（〈微子〉）
>
> 可與共學，未可與適道；可與適道，未可與立；可與立，未可與權。（〈子罕〉）

上兩篇中的「權」可理解爲「權宜」（道德上合宜的行動）。在〈子罕〉中，孔子針對三類逸民（隱者）的處世行徑作出描述和評價，復提出自己不同的觀點。其中，孔子認爲虞仲、夷逸隱居之行合乎清高，而兩人放言議論的內容亦權宜得當。然而，孔子認爲自己與伯夷、叔齊、虞仲、夷逸……諸多隱逸之士有別，根本的不同在於：孔子對於出世入世與否並無抱持絕對不移的原則。但要注意的是，不死守原則不表示沒有原則，孔子的「無可無不可」之說，並非鄉愿之行或道德相對主義〔註 24〕，而是表明對於行權的重視。在孔子看來，行權是道德工夫純熟的表現，因此，其在道德實踐上的工夫層次高於「共學」、「適道」、「立」。

《孟子》中的「權」字凡 3 見，〈梁惠王上〉中提到：「老吾老以及人之老，幼吾幼以及人之幼，天下可運於掌。……故推恩足以保四海，不推恩無以保妻子。古之人所以大過人者無他焉，善推其所爲而已矣。……權，然後知輕重；度，然後知長短。物皆然，心爲甚。王請度之。」此處之「權」作「稱量物重」解。然而，觀其在脈絡中之用法，可見孟子乃欲藉稱量物之重量、長短，來比擬人之行事必須於心有所衡量，而衡量的標準在於「推恩」。所謂「推恩」，是「舉斯心加諸彼」。簡單來說，即是將自己置於他人之立場，考慮他人之好惡後，決定採取何種行動方式。此處「權」之用法，雖無直接與道德行動的方式相關，卻是被用來喻示道德行動時在人我之際的相互考量狀態，表現出儒家在道德實踐上的具體性。

〈離婁上〉中則將「權」與「禮」相對而論，並對於何謂「權」及如何行權皆作出解釋：

> 淳于髡曰：「男女授受不親，禮與？」孟子曰：「禮也。」曰：「嫂溺

〔註 24〕所謂「道德相對主義」，大致而言，是指道德的標準會因不同族群而異。這些族群的分別，可能在於文化背景、歷史時空脈絡、階級差異……等，由此產生倫理學上的文化相對主義、歷史相對主義、階級相對主義……等。

則援之以手乎？」曰：「嫂溺不援，是豺狼也。男女授受不親，禮也。嫂溺援之以手者，權也。」曰：「今天下溺矣，夫子之不援，何也？」曰：「天下溺，援之以道；嫂溺，援之以手。子欲手援天下乎？」

「男女授受不親」代表的是社會中既有的禮儀規範，在孟子看來，這樣的規範並非絕對的。當道德實踐的需求凌駕於社會規範時，社會規範是可以暫時被打破的。在「嫂溺」這樣的事況下，若拘守禮節而不去伸手救人，則人與禽獸無異。由於人禽之別，在於道德意識的有無，爲了不淪爲禽獸而違禮行權，正是基於道德意識的驅使。就此而言，行權雖違背禮節，卻是合乎道德之舉。不過，必須強調的是，「違禮以行權」的前提在於有道德之需求；換言之，並非所有違禮之舉皆合乎道德，若是不出乎道德的考量，任意違禮行權，則並不眞正中「權」。易言之，「權」的表現方式雖是與「禮」相對立的，然而違禮的事態本身並不能謂之「權」，違禮是「權」可能的表現形態，但並非「權」的根本目的。觀乎孟子由人禽之辨論「權」，可知「權」是基於道德意識所發的行動。對於此點的把握十分重要，因爲當儒家對行權失當進行批判時，所考量的準據亦在於此。

除了以道德意識貞定（在義理方向上確定）行權的意義外，孟子對於一般人在行權方式上可能的誤解也作出了澄清，〈盡心上〉篇中提到：

孟子曰：「楊子取『爲我』，拔一毛而利天下，不爲也。墨子『兼愛』，摩頂放踵利天下，爲之。子莫『執中』，執中爲近之。執中無權，猶執一也。所惡執一者，爲其賊道也，舉一而廢百也。」

孟子指出，子莫主張的「執中」，雖無楊朱主張「爲我」般只講私利，亦無墨子主張「兼愛」那樣不分親疏，然而子莫所堅持的「執中」，凡事取其中間立場行事，其實只是「執一」，死守一套中間原則而不知變通，如此將有害於道（「賊道」）。孟子眼中的道，並不是一套一成不變的道德原則，而是能與時俱進、因時制宜的行動原則。子莫「執中」的主張，並未重視道德情境的變化，以致不能做到權宜行事，是「舉一而廢百」的作法，亦即以一項絕對性原則來排除在道德行動情境中考慮其它更適切原則的可能性，因此孟子亦不許之。

《荀子》中的「權」凡 45 見，作爲名詞的「權」，有作原始義的「稱錘」解，如「權物而稱用」（〈王霸〉）；有作「權謀」解，如「權謀傾覆，以相顚倒」（〈富國〉），「故用國者，義立而王，信立而霸，權謀立而亡。……是無它故焉，唯其不由禮義而由權謀也」(〈王霸〉)。權謀是與禮義相對立的，禮義是出於道德考量，權謀則純是利害考量。凡事出於權謀而不出於禮義，則王道不能行，道德無法落實於政事之中。可見「權謀」在道德實踐上趨向負面的意義，表示爲達成某種功利目的所實行的不當手段。

此外，《荀子》中亦出現「權利」概念，意指由權勢、權謀所得之利，如「是故權利不能傾也，群眾不能移也，天下不能蕩也」(〈勸學〉)，又如「故古之人爲之不然：其取人有道，其用人有法。……接之以聲色、權利、忿怒、患險，而觀其能無離守也」(〈君道〉)。義利之辨自孟子提出以來，便成爲儒家在進行道德檢驗時的準據。荀子與孟子雖在心性論上有明顯分野，但荀子對於孟子的義利之辨有所繼承。《荀子》中明言：「義之所在，不傾於權，不顧其利，舉國而與之不爲改視，重死持義而不橈，是士君子之勇也。」(〈榮辱〉) 君子之所以爲君子，即在於其能不汲汲營營於個人利益，而能堅持其道德理想。

在《荀子》中，作爲名詞的「權」，尚有由「稱錘」而引申爲「法度、準則」者，如：

> 聖人備道全美者也，是縣天下之權稱也(〈正論〉)
>
> 故人無動而不可以不與權俱。衡不正，則重縣於仰，而人以爲輕；輕縣於俛，而人以爲重，此人所以惑於輕重也。權不正，則禍託於欲，而人以爲福；福託於惡，而人以爲禍，此亦人所以惑於禍福也。道者，古今之正權也；離道而內自擇，則不知禍福之所託。(〈正名〉)

聖人的人格、行事能循道而行，因而能爲天下提出一套可遵行的道德規範，此即「縣天下之權稱」之意。但是，究極而言，道德的標準並不在聖人，而在聖人所能持守的「道」。荀子強調，「道」能正權，使人明辨是非、欲惡、禍福。然荀子之「道」爲何？

首先，荀子強調的道是「人道」，所謂「道者，非天之道，非地之道，人之所以道也，君子之所道也」(〈儒效〉)。荀子不重天道、地道，而特舉人道，是因唯有人方能通過道德實踐來體現道。相形之下，天地萬物固然有其運行法則，但那是自然而然的本然狀態，並不具有道德價值意涵，因此不足爲重。其次，荀子指出，道的特性在於守常盡變：「夫道者體常而盡變，一隅不足以舉之。」(〈解蔽〉) 一般人往往由於心知有所偏執、蔽害，因而無法對於週遭的事物作出正確判斷，又由於偏執的認知，因而有了不當的取捨，造成行事的錯誤。若要能體道而行權，必須經過工夫的修養和心知的鍛鍊。《荀子》又云：

> 欲惡取舍之權：見其可欲也，則必前後慮其可惡也者；見其可利也，則必前後慮其可害也者；而兼權之，孰計之，然後定其欲惡取舍。如是則常不失陷矣。（〈不苟〉）

荀子乃是順著自然之性而論人性，亦就此自然之性所表現的心理狀態，來觀察人的心理對於人的行動之影響。他提到，一般人往往藉由欲惡之情，決定自身對於事物和行動的取捨，然而，這些欲惡取捨會因為對事物的理解不夠透徹而有所偏頗。因此，荀子強調「權」的重要，人必須在進行好惡取捨之前，將「權」的工夫置入其中。所謂「權」，是對於事物的各個可能的發展方向或結果都能有所照察，衡量各種事物發展的可能性。當然，準確地衡量事況雖有助於做出判斷，但並不是道德判斷的充份條件，因為行動者必須對於道德的原則或標準（道）有所掌握，才能做出最合宜的行動抉擇。因此，兼權不能離道。進一步來說，既然荀子強調以「道」正「權」，對於「道」的把握，自然須先於兼權。「權」容或能曲盡「道」之變，但未必能持守「道」之常，在實踐的序位上，「道」仍然是第一序的。關於道、權或經、權的辯證關係，於此暫不詳論，留待第三章再議。

以上主要整理「權」概念出現在先秦儒家各個重要典籍中的意義用法，歸言之，「權」之字源意義為某植物名（「黃華木」），後假借為「懸」，亦即「錘」字後，具體指涉為稱錘。由於稱錘之功用在衡量物之輕重，其後引申為行事之裁量，至遲於《尚書．呂刑》的「輕重諸罰有權」中已見此義。《周易》更討論到行權的方式，而有「巽以行權」（〈繫辭下傳〉）之說。《禮記》較《尚書》更進一步，以父子之親、君臣之義作為裁量刑罰的依據，並將「權」歸為四端之中的「智」德之表現，使「權」成為道德活動的面向之一。隨著戰國時期政治情勢的複雜化，《左傳》中的「權」也開始出現了「權勢」、「權柄」等意義用法，指涉某種統治力量或政治手段。當政治行動者以利益為最終目的而無視於道德時，政治活動與道德要求之間便呈現出相互對立的關係。其後《荀子》在談及「權謀」、「權利」時，便一再強調明辨義利的重要。

對於作為在道德活動中之衡量取捨的「權」概念，在孔、孟、荀處也得到了較明確的說明。《論語》中的「無可無不可」（〈微子〉）、「未可與權」（〈子罕〉），說明了孔子認為「權」不是一種固定的道德原則，並且在實行上必須具備相當成熟的條件，方能確實合乎道德要求。孟子將「權」與「禮」相對，表明「權」與那些作爲成規的禮儀節文有所分別。「禮」具有社會行爲的規範性，「權」則表現出爲了因應道德要求而打破規範的特性。到荀子時，明確指出「道者，古今之正權也」(《荀子・正名》)，通過「道」來統攝「權」的意義，使得儒家的「權」雖在實際行動上採取非原則主義的行動方式，但在價值取向上仍有所依循，並不至於走向道德相對主義。

第三節 「經」與「權」之運作方式

一、「經」之運作方式

由上一節的分析中可知，作爲動詞的「經」有「遵循」和「治理」之義，而作爲名詞的「經」則主要有「常道」和「經書」之義。《詩經》有云：「匪先民是程，匪大猶是經。」(〈小雅〉)，可見「經」是遵循大道、常道而行。但究竟作爲「常道」的「經」是如何運作的呢？我們可以就道德修養、國家治理和禮儀制訂三種「經」的「運作領域」，說明「經」的「運作原則」，以及如何培養「經」的「運作能力」。

(一)「經」運用於「道德實踐」

儒家將「經」概念運用在道德實踐方面，早見於《尚書》，當中說到：「在昔殷先哲王，迪畏天，顯小民，經德秉哲。」(〈酒誥〉)其中的「經」字作動詞，表示「持守」、「運行」，而「經德」即表示一種持續不間斷的道德實踐活動。從中可以看出，殷人除了仍保有敬天、畏天的宗教情懷外，人文思想亦明顯躍升。一個受到肯定的國君，其所作所爲必須兼顧人民福祉及自我道德與智慧的實踐要求。《孟子》亦云：「經德不回，非以干祿也」(〈盡心下〉)此處雖未明言如何進行道德修養，但「經德」之說，反映出道德的活動性或實踐性意義，儒家所強調的道德修養，並非指涉一僵化或停滯的生命狀態，而必須時刻通過行動，將道德意識顯現於具體的情境之中。又《左傳》有言：「經德義，除詬恥。」(《左傳・哀公二年》)「經德義」之說，將、「德」、「義」並提，也透露出「義」概念開始進入儒家的道德思考當中，而日後儒家對於經權關係的解釋上，「義」也成爲一個統攝性的概念。

除了「經德」或「經德義」之說外，將「經」概念運用於道德論述中的明確用例，還見於《孟子．盡心下》：

> 萬子曰：「一鄉皆稱原人焉，無所往而不爲原人；孔子以爲德之賊，何哉？」曰：「非之無舉也，刺之無刺也；同乎流俗，合乎汙世；居之似忠信，行之似廉絜；眾皆悅之；自以爲是，而不可與入堯舜之道，故曰『德之賊也』。孔子曰：『惡似而非者：惡莠，恐其亂苗也；惡佞，恐其亂義也；惡利口，恐其亂信也；惡鄭聲，恐其亂樂也；惡紫，恐其亂朱也；惡鄉原，恐其亂德也。』君子反經而已矣。經正，則庶民興；庶民興，斯無邪慝矣。」

這段文獻是孟子向弟子萬章說明何以「鄉愿」不可取，孟子所根據的理由是「鄉愿」將導致「亂德」的結果。這段文獻中出現的「君子反經」之說，向來是儒家論述「經」、「權」概念時必徵引的文獻材料。文獻中主要有兩個主題：一是道德判斷之根據，二是道德與政治之間的關係。

在道德判斷之根據方面，孟子強調，一個人的行爲是否合乎道德，並非建立於社會大眾的集體意見之上，也無法單單由其外顯行爲加以判定。一個在行動上能滿足群眾喜好的人，並不眞正稱得上是有德者，因爲人們的感受或意見不一定相同，因而缺乏普遍性，無法作爲道德判斷的標準。此外，即使一個人的行爲表現看似合乎社會的規範，且爲他人所認可，亦無法用以證立自我是否具有道德，若有人以此爲據，便宣稱自己是有德者，正反映出其缺乏進行道德判斷的能力，甚或根本欠缺道德意識，而徒以追求個人名聲爲目的，儒家將這類人統稱爲「鄉愿」。

根據孔子的說法，「鄉愿」不僅無德，且會「亂德」，是「德之賊」。所謂「亂德」，當中的「德」可有二種解釋：一是道德規範或標準，二是社會道德風氣（亦即道德活動在社會中的發展情形）。「鄉愿」以其外顯行爲迎合大眾，通過人群的好惡證立自己的道德，但由於人的好惡感受是相對的、因人而異的，因此「鄉愿」所據的「德」亦是相對的。當社會上充斥著許多「鄉愿」，即代表人們可能習焉不察地接受了相對性的道德判準。而社會的道德規範一旦浮動不定，整體道德活動自然無法獲得穩定的發展。由儒家對「鄉愿」的拒斥，可見得儒家對於道德的反思並不限於個人層面；對於人我往來之際彼此引生的心理互動如何牽動個人道德發展與社會道德建構的問題，儒家亦有深刻的洞察。若我們說儒家思想中包含一種道德理想主義，則此理想主義只能指涉儒家那種不間斷地致力於道德實踐之堅定信念，而不應被誤解爲儒家在道德問題的思考上過於簡單化，無視道德活動中可能出現的諸多負面的影響因素。

一般在看待上述《孟子》這段文獻時，多半僅著眼於當中所出現的「反經」之說，以之作爲將「權」解釋爲「歸反於經」的支持文獻，卻忽略了由「反鄉愿」過渡到「反經」之間的思想線索，但此線索對於詮釋儒家的「經」概念而言，卻是頗具深義的。首先，「鄉愿」現象代表集體道德的淪喪趨向，也代表在一個社會中道德相對主義的橫行。因此，我們可以說，儒家的「反鄉愿」，在某種意義上，即突顯了儒家對道德相對主義的反抗。

再者，「鄉愿」的形成，是建立在人類道德活動交互影響性的質變上，因此，儒家要阻止鄉愿蔚然成風，便要思考如何在人類道德活動的主體際性中，提示出一條非道德相對主義的路。一方面，儒家必須正視人類道德活動中的群己關係，另方面，又必須思考如何人在群己互動的過程中，持守道德實踐的精神，孟子的「反經」之說，便是在這樣的問題背景中被提出的。儒家的「經」概念不只作爲一個倫理概念，指涉普遍性的道德規範或道德原則，更表現出儒家對於道德理想的堅持；而這種堅持，又連繫上濃厚人文關懷，所謂「經正，則庶民興」，儒家深信，道德理想的實踐，對人類的持續發展，將是有所助益的。

（二）「經」運用於「國家治理」

《孟子》的「反經」之說，將儒家理想的道德與政治之間的關係呈顯出來。將「君子反經而已矣。經正，則庶民興；庶民興，斯無邪慝矣」此一文段加以拆解，可發現三個論題：一、君子反經。二、經正，則庶民興。三、庶民興，斯無邪慝。首先，「君子反經」標示出「經」概念的倫理學意涵。君子致力於道德實踐，而道德實踐的依歸爲何？儒家以「經」概念表之。趙岐注曰：「經，常也。」〔註 25〕可見「經」即是常行之道。所謂「常道」，具體言之，指涉種種道德規範，如：仁、義、禮、智、信〔註 26〕……等。儒家提出「經」概念，正是要救正「鄉愿」這種以相對性的標準（「他人之好惡感受」）

〔註 25〕轉引自〔清〕焦循：《孟子正義》（北京：中華書局，1998 年），頁 1033。

〔註 26〕孔穎達疏曰：「五常是仁義禮智信，經正是以仁義禮智道化之，謂經正之也。」轉引自〔清〕焦循：《孟子正義》，頁 1033～1034。

作爲行動原則的作法。其次,「經正,則庶民興」突顯了儒家「以德化民」的政治思想,亦即,以道德爲基礎來建構理想社會。儒家認爲,通過教化,可使百姓知禮義,行爲有所本,而使社會得到和諧榮盛的發展。又,當社會獲得發展,百姓生活無虞時,自然更能知禮守份,不會因飢寒所迫而引生作惡之歹念,是所謂「庶民興,斯無邪慝」。綜言之,儒家認爲,良好的道德規範能促進社會運作,而穩定的社會運作亦能提供道德活動之沃土。

由此可知,儒家的倫理思想和政治思想,並非相互脫鉤的兩個論域。蕭公權先生便指出,孔子的政治思想乃是以「從周」與「尙仁」相互爲用,「從周」即「正名」,亦即按盛周封建天下之制度,調君臣上下之權利與義務,此乃孔子政治思想之始點。但孔子政治思想之最後歸宿或目的,在於行仁道,其所持乃「政者正也」的主張,認爲政治主要在化人而非治人。而孔子論政的兩大要旨——行仁與正名,前者得孟子之論仁道而大申,後者經荀子集先秦禮論之大成而更備。由此可知,儒家的政治思想與道德思想之緊密關聯性。其後,秦漢以至宋元之政治思想,雖不乏新義,然其主要觀點與基本原理,終不能完全越出先秦之範圍。〔註27〕

「經」概念在儒家政治思想中的應用,尙有許多明顯的例子,如《左傳》提到:「伐叛,刑也,柔服,德也,二者立矣,昔歲入陳,今茲入鄭,民不罷勞,君無怨讟,政有經矣。」(《左傳.宣公十二年》),表明以「德」與「刑」作爲兩項施政原則。有類於此,《荀子》云:「治之經,禮與刑,君子以脩百姓寧。明德愼罰,國家既治四海平」(〈成相〉),以禮制和刑罰作爲兩個基本的治國綱領,「禮」引導人向善,「刑」約束人勿爲惡,可謂兼顧人性的理想和現實層面。至於如何培養出對於政治原則(「經」)的運作能力?《禮記》中說:

> 好學近乎知,力行近乎仁,知恥近乎勇。知斯三者,則知所以修身;知所以修身,則知所以治人;知所以治人,則知所以治天下國家矣。凡爲天下國家有九經,曰:修身也,尊賢也,親親也,敬大臣也,體群臣也,子庶民也,來百工也,柔遠人也,懷諸侯也。(〈中庸〉)

此處乃是以「經」指稱君主治理天下的九項原則,當中涵蓋道德修養、君臣相處之道、愛民思想、及社會分工……等主題,同時說明運作此九項原則

〔註27〕參見蕭公權:《中國政治思想史》(上)(臺北:聯經出版公司,1982年),頁4、53～113。

（「經」）的能力，可通過好學、力行、知恥等三項工夫來培養之。「好學」是外在知識（與道德實踐相關的知識）的積累，「力行」則是道德活動的具體運作，「知恥」著重內在道德意識的省察存養，三者分別代表「知」（德性之知）、「仁」、「勇」三項德行。由修身到治人（與人共處），進而治天下國家，是道德活動運作範圍的不斷擴展，亦是政治理想的實現進程。

究竟而言，政治原則的運用能力，終以德性修養爲根本。如〈中庸〉有言：「唯天下至誠，爲能經綸天下之大經，立天下之大本，知天地之化育。」強調唯有能夠保持純粹專一的道德意識之統治者，方能「經綸天下之大經」，把握萬事萬物的合理運行方式，如天地化育萬物般，通過政事施澤於民。

以上所言，均是「經」概念在國家治理層面之運用。綜言之，在儒家思想中的「經」，可作爲儒家將道德思想與政治思想相互綰合起來的一個重要概念。

（三）「經」運用於「禮儀制訂」

前文提及，「禮」與「刑」作爲「治之經」，是儒家施政的兩大綱領。但事實上，儒家對於「刑」的重視遠不若「禮」，《左傳》提到：「禮，王之大經也。」（《左傳・昭公十五年》）又云：「夫禮，天之經也，地之義也，民之行也。天地之經，而民實則之。」（《左傳・昭公二十五年》）並曰：「國家之敗，有事而無業，事則不經，有業而無禮，經則不序。」（《左傳・昭公十三年》）可見「禮」不僅作爲政治運作的根本原則，指涉那些具體成文的規範，更代表天地運作之法則或理序。國君爲政之道，便是要通過「禮」，建立國家社會的運作秩序。至於如何運作「禮」，儒家有進一步的說明：

> 著誠去僞，禮之經也。（《禮記・樂記》）
>
> 禮以順人心爲本，故亡於禮經而順人心者，皆禮也。（《荀子・大略》）

「著誠去僞」，是就行爲者一面而言，強調「禮」的運作必須出自內心的眞誠無僞。「順人心」，則表明「禮」的運作不能只是依成規定制而行，而必須在具體的行動情境中，選擇合宜的方式，對待不同的個體。要注意的是，所謂「順人心」，並非如鄉愿一般，以迎合他人喜好爲目的；事實上，將「順人心」作爲「禮」之本，並與「禮經」（成文的禮儀規範）對舉，意在突顯靈活多元的實踐智慧——即是說，「禮」的施行必須通達人心、因應事況，因而有別於僵化或教條式的行動。由此可見，儒家在說明「禮」之經義的同時，實已透露出行權的要求。

上述對於儒家之「經」的運作方式之探討，乃是針對道德修養、國家治理和禮儀制訂三個「運作領域」，說明其中有關「經」的「運作原則」，以及如何培養「經」的「運作能力」。

要注意的是，這些領域的劃分是針對具體的行動目標而言，然而這些行動目標並非不相關的。儒家認爲，道德修養並非只限於「內聖」，只關乎一己心性的涵養，而同時有「外王」的要求，要求人走入人群，爲社稷國家盡一己之力。對此，韋政通先生指出，內聖、外王是儒家最高的文化理想，推行禮樂是儒家文化理想客觀化的主要內容，而「聖王」觀念，則是此一文化理想的象徵。〔註 28〕究竟而言，此文化理想乃植根於道德意識，因此亦可謂內聖外王乃是儒家道德理想之客觀化。雖然，人可能限於時勢條件，不必然有外王之功，但若能立外王之志並戮力實現之，則可在道德行動中證立道德意識之堅毅強大。同時，政治理想的實現，必須有道德修養作爲基礎，換言之，德治才是政治運作的基礎，缺乏道德意識的指引，政治的發展容易流於權謀爭鬥，成爲人們角逐權力欲望的競技場。

此外，禮儀制訂雖主要屬社會文化活動之事，但與道德修養、國家治理亦相互牽繫，「禮」是「仁」（道德意識）的具體表現，但「禮」之導情制欲，亦有助於「仁」的擴充。一個禮制健全、秩序井然的社會，自然爲治理國家提供有利條件，反之，禮制崩壞的社會，政治的運作亦無法有穩定的發展，由此可見孔子何以一心繫於得君行道、重建周文。

二、「權」之運作方式

儒家對於「經」的運用，大致可通過道德修養、政治運作及禮儀制訂三個運作領域來作出區分，相較之下，儒家關於「權」的運用，所涉及的層面較爲複雜，舉凡文化、法律、政治……等各種人類活動領域，皆可用「權」。就解釋的面向來區分，我們可以積極原則和消極原則兩方面來說明「權」的運作方式，積極原則說明「權」的運作特性，消極原則強調「權」的運用限制。

（一）積極原則

1、「執一」與「行權」的區分

在積極原則方面，首先，「權」意指人的行動方式應具有彈性，亦即在行

〔註28〕參見韋政通：《儒家與現代中國》（臺北：東大圖書公司，1991 年），頁 9、43。

動原則的選取和行爲的表現上，容許行動者視實際狀況來因應調整之。對此，我們可藉由《孟子》中「執一」與「行權」的區分，將「權」的運作特性突顯出來，〈盡心上〉提到：

> 孟子曰：「楊子取『爲我』，拔一毛而利天下，不爲也。墨子『兼愛』，摩頂放踵利天下，爲之。子莫『執中』，執中爲近之。執中無權，猶執一也。所惡執一者，爲其賊道也，舉一而廢百也。」

對於行動原則的選取，楊朱主張絕對的利己，合乎自身利益的事才去做，若所做的事可能有絲毫損及自我利益，則絕不爲之。墨子則主張絕對的利他，無等差地對待每個人，無論是親人或路人，所對其擔負的行動責任皆同。子莫所謂「執中」，所指涉的行動原則究竟爲何，並不明確，蓋欲取中道而行，兼及利己和利他，缺一不可。對於以上三者的行動原則，孟子認爲，相較於楊朱和墨子，〔註 29〕子莫的主張接近儒家的立場，然而必須補上「權」作爲必要條件，方能爲儒家所接受。在孟子的說法中，隱涵了一項區分：「執中有權」與「執中無權」，而孟子反對將後者作爲道德的行動原則。理由是：「執中無權」等同於「執一」，而「執一」將「賊道」，由於「執中無權」將有害於「道」，故不可爲之。

既然孟子反對「執一」的理由，乃因「執一」有害於「道」，相對而言，行「權」便是合「道」之舉。據此，我們一方面可通過孟子對於「執一」的批判，反向思考「權」的運作特性；另方面，我們亦可藉由對孟子之「道」的探討，進一步說明「權」的考量因素。

由上述引文可知，孟子討論和批評的重點，顯然並非在於我們究竟應當選取何種道德原則來行動，也並非在針對個別道德原則之內涵來進行批判，而是就著道德原則的運作方式，而反對以「執一」的方式來運作道德原則。所謂「執一」，亦即在道德行動上認同一絕對不變的原則，同時不考慮採取其它行動方式的可能性。反對「執一」，即是反對行動者在不同的行動情境中只採取一種固定的行動原則而不容有其它行動考量。對此，柯雄文先生提到，儒家倫理學隱含一種實踐優位的假設，一個可行的倫理理論，需要根據環境

〔註 29〕在《孟子》的其它文獻段落，我們可找到孟子斥楊、墨的立場及其理據。如《孟子．滕文公下》有言：「楊氏爲我，是無君也。墨氏兼愛，是無父也。無父無君，是禽獸也。」即說明孟子之所以不認同楊、墨，是因爲楊、墨思想有違倫常。孟子認爲，對於倫常關係的把握，是人之所以爲人的必要條件；而楊、墨之說將導致人倫關係被破壞，使人淪爲禽獸，因此孟子力斥之。

的改變而接受實用性的評估。所以，倫理要求無法用絕對的原則或規範來表達。這並非貶抑理論研究的重要性，而是強調理論研究不可無視於行動情境中的實踐要求。這些實踐要求隨著時空的不同而有所差異，它們的意義也會受環境影響而有所轉變。〔註 30〕歸言之，與「執一」相對的「行權」，即是容許在行動中對原則進行變化調整。孟子反對「執一」的行權觀念，在《論語》中已露端倪：

> 子曰：「不降其志，不辱其身，伯夷、叔齊與！」謂：「柳下惠、少連，降志辱身矣。言中倫，行中慮，其斯而已矣。」謂：「虞仲、夷逸，隱居放言。身中清，廢中權。」「我則異於是，無可無不可。」（〈微子〉）

伯夷、叔齊的「不降其志，不辱其身」，柳下惠、少連的「降志辱身」及虞仲、夷逸「隱居放言」，皆是在身處濁世時，採取某一種行動原則而固守不移。相對而言，孔子表明自己的行動立場是「無可無不可」，不執守任一行動原則。

必須加以澄清的是，反對道德原則運作之絕對化，是否導致道德相對主義？所謂道德相對主義，是指不同的文化、時空、地域環境有不同的道德判準；換言之，道德相對主義者不承認有客觀的、普遍的道德價值標準。針對此一質疑，可以確定的是，孔孟所提示出的行權觀念，不僅反對「執一」，排斥道德絕對主義，同時亦無道德相對主義的問題，因爲他們認爲道德有普遍客觀的標準。〔註 31〕《論語》中有言：

> 子曰：「君子之於天下也，無適也，無莫也，義之與比。」（〈里仁〉）
>
> 子夏曰：「大德不踰閑，小德出入可也。」（〈子張〉）
>
> 子曰：「七十而從心所欲、不踰矩。」（〈爲政〉）

「無適也，無莫也」，說明孔子反對絕對化的行動方式，然而，孔子認可之行動仍在「義」的裁量範圍內。「小德出入可也」肯定行動方式可做彈性調整，但「大德不踰閑」說明道德標準有不可逾越的界限。「從心所欲」表現了道德

〔註 30〕參見柯雄文：〈儒家倫理思想的概念架構〉，頁 143。另黃慧英先生則提到，反對絕對化的道德原則或道德理論，並不等同於反理論，後者其實在對於道德理論的批判中做出了不當的二分，亦即：要不承認一個絕對正確的理論或原則，要不拒斥理論或原則。參見黃慧英：《儒家倫理：體與用》，頁 10。

〔註 31〕要注意的是，與道德相對主義對立的是道德普遍主義，而非道德絕對主義。在道德相對主義和道德絕對主義之間做出區分，是犯了不當二分的謬誤。因爲，否定道德相對主義，並不必然導致道德絕對主義。

心志（道德意識）有裁量行動方式的自主性和靈活度，但「不踰矩」則標示了道德行動必須有所規範。再回到《孟子》來看，我們亦可由孟子反對「執一」的理由，確定孟子不會認同道德相對主義。孟子說：「所惡執一者，爲其賊道也」，亦即，孟子以「執一」將有害於「道」，因此拒之。可見，孟子肯定行動有最後的判準，亦即「道」。由於道德相對主義不承認有任何客觀的、普遍的價值存在，但孟子強調以「道」爲普遍的價值依歸，可見儒家並非道德相對主義。問題是：孟子之「道」爲何？

2、「盡人倫」

首先，在《孟子》的〈離婁上〉、〈滕文公下〉、〈萬章下〉、〈告子下〉諸篇中，多處提到「堯舜之道」、「聖王之道」、「君子之道」，可見孟子之「道」乃是以堯舜作爲道德人格典範。這些人格典範所建立的行動標準爲何？《孟子．離婁上》曰：「聖人，人倫之至也。欲爲君，盡君道；欲爲臣，盡臣道，二者皆法堯舜而已矣。」以「人倫之至」來定義「聖人」，突顯孟子肯認的「道」（「堯舜之道」、「聖人之道」），其內涵在於「盡人倫」，亦即強調人倫關係的具體實現。

所謂「人倫關係的具體實現」，即是要人在各種人倫關係中善盡自身本份。儒家對於人倫關係的重視，亦見之於《禮記》：

> 喪有四制，變而從宜，取之四時也。有恩有理，有節有權，取之人情也。恩者仁也，理者義也，節者禮也，權者知也。仁義禮智，人道具矣。（〈喪服四制〉）
>
> 凡聽五刑之訟，必原父子之親、立君臣之義以權之。（〈王制〉）

關於服喪的規格，必須效法天地四時變化而有所變通。而衡量如何變通時，當「取之人情」。所謂「人情」即是人在倫常關係中的自然情感。又如在聽訟及裁量刑罰時，則須「原父子之親」、「立君臣之義」，將人倫關係置入考量。總之，孟子認爲行權的目的在合於「道」，又以「人倫之至」言「道」，可見行「權」的原則之一是「盡人倫」。

3、「志於仁」

孟子之「道」的另一重要內涵是「仁」。〈離婁上〉提到：「孔子曰：『道二，仁與不仁而已矣。』」孟子借孔子之口，通過「仁」來區分「道」與「不道」。「仁」則合乎道，「不仁」即不入於道。何謂「仁」？〈盡心下〉曰：「仁也者，人也；合而言之，道也。」此處的「合而言之」，有兩種可能的解釋：其一，「仁也者，人也」，說明「仁」必須產生於人與人之間；〔註 32〕亦即，必須落實於人倫關係之中，亦即「盡人倫」。其二，以「仁」與「人」「合而言之」，表示「仁」必須通過人的行動來表現，能表現者方爲「道」；若不能表現爲行動，則不可謂之「道」，就此而言，即在強調道德實踐之必要性。對此，杜維明先生提到，儒家之「道」並非一靜止範疇，「道」與其說是一種需要遵循的準則，毋寧說明一種必須通過不斷努力來實踐的標準。我們只有通過修身，才能充分實現人性中種種美好的善性。因此，「道」是一個永無止境的過程。〔註 33〕要之，儒家所謂的「道」，並非一抽象概念，而指向具體的道德行動。

「仁」不僅必須外顯於行動之上，亦須運作於內心之中。孟子強調，人必須能「志於仁」，才能眞正確立一己之行動方向，孟子說：

> 君子之事君也，務引其君以當道，志於仁而已。(〈告子下〉)
>
> 公孫丑曰：「……賢者之爲人臣也，其君不賢，則固可放與？」孟子曰：「有伊尹之志，則可；無伊尹之志，則簒也。」(〈盡心上〉)

「志」，即是心之所向，「志於仁」即是一心向仁，亦即道德意識的展現。所謂道德意識，即是以道德實踐作爲行動目的之心靈活動狀態。人一旦缺乏道德意識，便可能盲從或造作，或爲鄉愿，或爲「執一」，凡此皆將有害於「道」。因此，在對於行動做出道德判斷時，孟子認爲判斷之根據即在於道德意識的有無。例如，在〈盡心〉篇中，針對人臣是否可放逐暴君的問題，孟子遂認爲，當國君失德時，爲人臣者是否能放逐國君，端視人臣之行爲的動機爲何？臣者爲使人民免於暴君迫害，不得已違反忠君之道而放逐其君，此乃道德意識的權衡結果，因而是合乎道德的行動。反之，若其背後動機在藉由放逐國君而伺機奪權，則是不道德的行爲。

4、「巽以行權」

除了「盡人倫」與「志於仁」這兩項行權的積極原則外，《周易》中則有「巽以行權」的主張，何謂「巽」？

> 巽，德之制也。……巽稱而隱。……巽以行權。(〈繫辭下傳〉)

〔註 32〕參見楊伯峻：《孟子譯注》(臺北：源流文化事業，1982 年)，頁 329。

〔註 33〕參見杜維明：〈孟子思想中的人的觀念：中國美學探討〉，收入杜維明：《儒家思想——以創造轉化爲自我認同》(臺北：東大圖書公司，1997 年)，頁 103。

> 巽，入也。（〈說卦傳〉）
>
> 蠱，剛上而柔下，巽而止，蠱。（〈蠱卦．彖傳〉）
>
> 恆，久也。剛上而柔下，雷風相與，巽而動，剛柔皆應，恆。（〈恆卦．彖傳〉）
>
> 柔以時升，巽而順，剛中而應，是以大亨。（〈升卦．彖傳〉）

由上可知，「巽」主要有三點意涵：一是「順」，二是「入」，三是「稱而隱」。首先，「順」即「順事物之道理」，對此，朱子有進一步的解釋：

> 「〈巽〉，德之制」，「〈巽〉以行權」，〈巽〉只是低心下意。要制事，須是將心入那事裏面去，順他道理方能制事，方能行權。若心麤，只從事皮膚上綽過，如此行權，便就錯了。巽，伏也，入也。（《朱子語類》第 76 卷）
>
> 蓋「巽」字之義，非順所能盡，乃順而能入之義。謂巽一陰入在二陽之下，是入細直徹到底，不只是到皮子上，如此方能斷得殺。若不見得盡，如何可以「行權」！（《朱子語類》第 76 卷）〔註 34〕

所謂「低心下意」，「將心入那事裏面去」，表明了一種行動主體在行權之際的認知要求。行動主體必須擱置主觀的臆測或偏見，不妄下定論、冒然行事。有此認知態度作爲基礎，行爲主體方能對行權處境中的各個事物進行正確的認知。「順」是「入」的必要條件。當行權者能「順」後，進一步要將心思凝聚於事物之上，深入考察其內容，朱子提到：

> 問：「『〈巽〉以行權』，權，是逶迤曲折以順理否？」曰：「然。〈巽〉有入之義。『〈巽〉爲風』，如風之入物。只爲巽，便能入義理之中，無細不入。」（《朱子語類》第 76 卷）
>
> 才卿問：「〈巽〉以行權」。曰：「權之用，便是如此。見得道理精熟後，於物之精微委曲處無處不入，所以說『〈巽〉以行權』。」（《朱子語類》第 76 卷）
>
> 又問：「〈巽〉有優游巽入之義；權是仁精義熟，於事能優游以入之意。」曰：「是。」（《朱子語類》第 76 卷）

爲了能恰當地行權，行動者必須「於物之精微委曲處無處不入」，充份理解行

〔註 34〕本文所引《朱子語類》原文悉以黎靖德之編本爲據。出版資料請參見文末「徵引書目」。

動處境中諸事物之內容及其可能的發展變化，才能在掌握行權處境諸環節後，進一步做出如何行權的裁量。

至於行權者對於事物的認識，是屬於何種方式的認知呢？由朱子所言的「入義理之中」，可知朱子認爲行權所必須掌握的不是關於事物構成原理的「知識之知」，而是對於事物進行是非判斷及好惡取捨的「價値之知」。兩者並非同一範疇的認知。前者屬知識論範疇，以知解和思辨來認識對象；後者則是實踐哲學或價値範疇的「知」，是通過道德意識來貞定事物價値。兩者雖屬不同範疇，但不可謂全無關聯。因爲，要對事物進行價値評斷或好惡取捨，前提是必須對事物的內容有所認識。

只是，單單認識事物的構成內容，尙不足以讓我們對事物做出價値判斷。那麼，行動者價値判斷之根據究竟爲何？朱子說，行權者必須「見得道理精熟」，方能「於物之精微委曲處無處不入」，又云「權」是「仁精義熟」，可見行權者必須以仁義爲據。在儒家，「仁」，即人的道德之性；「義」，即人之道德性的發用、運作於物事之中。因此，行權時以仁義爲據，即是要以道德性作爲根據，去衡斷事物的是非價値，再作行權之事。

「巽以行權」的第三個意涵是能「稱而隱」。其中，「稱」當指「稱量」。朱熹有言：「以『巽以行權』觀之，則『稱』字宜音去聲，爲稱物之義。」（《朱子語類》第 76 卷）「稱物」的「稱」即「稱量」之義，由此可引申爲「權衡」、「裁斷」等義。當行動者在行權之際，所面臨的狀況若是諸多合義之事皆待行時，如何抉擇便是對行動主體的一項道德考驗。此時，行動者必須對周遭事物有所「稱量」，亦即針對各個事物的義理輕重進行裁量，決定行動的方向。

至於「隱」，則有三種可能的解釋。第一種解釋是以「隱」爲「不露形跡」，如朱子說：「『稱而隱』，是巽順恰好底道理。有隱而不能稱量者，有能稱量而不能隱伏不露形跡者，皆非〈巽〉之道也。」又說：「權是隱然做底物事，若顯然底做，卻不成行權。」（《朱子語類》第 76 卷）這些說法的意思是，行權時必須在內心衡量行事，而不宜將之表現於外，此說側重於強調行權的動機性，說明道德裁量本屬內心活動之事。

另一種解釋是以《馬王堆帛書．易之義》爲據，以「隱」作「止」之意，意思是：行權必須順應時勢，因時而止。此說強調「權」與具體情境的緊密關聯性，也就是說，行權時必須照應具體情境的需求，並隨時注意按照情境的變化調整行權的方式，這說明了「權」的靈活性與變化性。

最後，由於「隱」亦有「憐恤」之意〔註35〕，因此，「稱而隱」或可釋爲在衡量物事之時，能針對週遭人物之處境生起同情之感，而思量、決定如何行動。此說可突顯在行權之際人我相通之道德情感運作的重要性。

5、「兼權孰計」

關於如何行權，《荀子》亦提出了「兼權孰計」之說：

> 欲惡取舍之權：見其可欲也，則必前後慮其可惡也者；見其可利也，則必前後慮其可害也者：而兼權之，孰計之，然後定其欲惡取舍。如是則常不失陷矣。（〈不苟〉）

荀子認爲，一般人乃是由於對事物的好惡來決定行動的方向，人們會追求可欲之物，而排拒嫌惡之物，從而發展爲行動。但人們在進行取捨時，往往因爲對於事物內容只有片面的認識，或對於事物可能的發展思慮不周，因而做了錯誤的行爲決定。因此，荀子強調人應能「兼權」、「孰計」。所謂「兼權」，是對於事物的各個可能的發展面向做出衡量，「孰計」則是深入思考和掌握事物的每個環節。要之，「兼權」、「孰計」是強調行動者在行動時必須具備思維上的完整性和細密度。

於此，我們可進而思考兩個問題：第一，荀子所謂「可欲」、「可利」、「可惡」，其所欲惡之對象，所指爲何？第二、人們行動取捨的合理依據爲何？

針對第一個問題，荀子認爲，人們在對於飲食、衣著等感官欲望上，有相同的好惡，甚至對於許多社會性事物的需求，人們的好惡亦同。荀子說：

> 凡人有所一同：飢而欲食，寒而欲煖，勞而欲息，好利而惡害，是人之所生而有也，是無待而然者也，是禹、桀之所同也。（〈榮辱〉）
>
> 好榮惡辱，好利惡害，是君子小人之所同也，若其所以求之之道則異矣。（〈榮辱〉）

就感官欲望而言，不僅人人相同，即使人類與一般動物之間，亦相去不遠。然而，荀子強調，人除了感官欲求之外，尚有思慮、抉擇的能力，而這是構成人禽之別的關鍵。荀子說：

> 人之所以爲人者何已也？曰：以其有辨也。飢而欲食，寒而欲煖，勞而欲息，好利而惡害，是人之所生而有也，是無待而然者也，是禹、桀之所同也。然則人之所以爲人者，非特以二足而無毛也，以

〔註35〕如《孟子・梁惠王上》：「王若隱其無罪而就死地，則牛羊何擇焉？」其中的「隱」即作「憐恤」解。

其有辨也。夫禽獸有父子而無父子之親，有牝牡而無男女之別。故人道莫不有辨。(〈非相〉)

禽獸之各種活動目的，主要爲求生存，乃此由其自然生命機能發動之行爲表現，但人類除了求生存的活動之外，亦有許多精神文化層面的活動。人之所以爲人，追根究柢在於人之「有辨」，有分別是非對錯並進行抉擇的能力，而人類便藉由這樣的能力，發展出禮樂文化及道德活動，成就相續不斷的文明社會。由此可見，荀子所謂「可欲」的對象並不限於那些能滿足自身感官欲望的事物，還包含禮樂文化、道德活動這些屬於精神層面的事物。若人僅順從感官欲望這樣的自然之性，不加節制，則不僅其行動表現與禽獸無異，也無法眞正追求到那些「可欲」的事物，荀子說：

故人知謹注錯，愼習俗，大積靡，則爲君子矣；縱性情而不足問學，則爲小人矣。爲君子則常安榮矣，爲小人則常危辱矣。凡人莫不欲安榮而惡危辱，故唯君子爲能得其所好，小人則日徼其所惡。(〈儒效〉)

故有俗人者，有俗儒者，有雅儒者，有大儒者。不學問，無正義，以富利爲隆，是俗人者也。……不知隆禮義而殺詩書；其衣冠行僞已同於世俗矣，然而不知惡。(〈儒效〉)

君子和小人雖對於感官欲望和社會性事物的需求有相同的好惡之情，但卻產生相異的行動抉擇，主要的原因在於其道德意識及文化理想的有無。君子能「隆禮義而殺詩書」，問學向道；反之，小人卻一味求富求利，追求感官欲望，恣意妄爲，最後不免招致危殆屈辱的結果。因此，對於事物的欲惡之情，雖然影響行動的可能趨向，但我們不應以之作爲行動判斷的眞正基礎。

那麼，人們在進行行動權衡時，應以何爲據？荀子指出，人的行動必須以「道」作爲根據，荀子說：

凡人之取也，所欲未嘗粹而來也；其去也，所惡未嘗粹而往也。故人無動而不可以不與權俱。……道者，古今之正權也；離道而內自擇，則不知禍福之所託。(〈正名〉)

何謂衡？曰：道。故心不可以不知道。(〈解蔽〉)

「道」是「正權」的依據，也就是說，人在行權時，必須遵從「道」的規範，而不能只憑個人主觀的感受或欲望行事，若放縱情欲，「順是」而爲，將招致不良的後果。荀子所謂的「道」，即是「禮義之道」，荀子說：

今人之性，生而有好利焉，順是，故爭奪生而辭讓亡焉……然則從人之性，順人之情，必出於爭奪，合於犯分亂理，而歸於暴。故必將有師法之化，禮義之道，然後出於辭讓，合於文理，而歸於治。（〈性惡〉）

禮之於正國家也，如權衡之於輕重也，如繩墨之於曲直也。故人無禮不生，事無禮不成，國家無禮不寧。（〈大略〉）

「禮義之道」是後天環境中的社會文化規範，而這些規範是由能「體常而盡變」的聖人（〈解蔽〉），通過思慮和抉擇的能力，體察時代環境之變化，所累積之文化成果（即所謂「積僞」）。荀子說：

聖人積思慮，習僞故，以生禮義而起法度。（〈性惡〉）

天下者，至重也，非至彊莫之能任；至大也，非至辨莫之能分；至眾也，非至明莫之能和。此三至者，非聖人莫之能盡。故非聖人莫之能王。聖人備道全美者也，是縣天下之權稱也。（〈正論〉）

「積思慮」的「思慮」即荀子所謂人之「有辨」的能力，是人生而有的知能，但此能力有待培養、鍛煉，而人可通過「虛一而靜」及「誠」的工夫，在反覆思慮、抉擇的經驗中，不斷積累其所知；「習僞故」則是人在外在環境變化及習俗中學習到的事物。聖人通過「積思慮」和「習僞故」兩項內外在因素的交互影響，而能「積僞」，建構出禮義法度，以作爲天下人行事的準則〔註 36〕。

比較孟、荀對於「權」的說明。孟子認爲「權」能合「道」，而孟子之「道」主要內涵在於「盡人倫」及「志於仁」；因此「權」的特性在於落實人倫關係並出於道德意識。荀子以「道」來匡正權，荀子之「道」則指向聖人所制訂之禮樂規範；因此，「權」的特性是必須符合禮樂規範。就此而言，荀子之「權」幾近於「經」、「禮」，且荀子似乎無法解決「權」與「經」、「禮」有可能相互衝突的問題。不過，這樣的質疑在荀子看來並不成問題。因爲，荀子所言之「道」（禮樂之道），其特性是與時推移的，而非僵化不變的規範〔註 37〕。當

〔註 36〕參見馮耀明：《中國古代哲學思想》第一冊（單元五）（香港：香港公開大學，2000 年），頁 7。

〔註 37〕柯雄文先生指出，荀子「道貫」觀念中的「道」，乃是爲儒家傳統提供整合或融貫性之理想的統攝觀點。儒家之「道」的重要意義在於批判地保存了一個活的倫理傳統之價值。參見柯雄文：〈儒家倫理傳統的性質〉，《哲學雜誌》第 17 期（臺北：業強出版社，1996 年 8 月），頁 142。

這樣的規範有實行上的困難時，是容許有調整之彈性的。因此，對荀子而言，「權」、「禮」並沒有相互衝突的問題；因為，當在具體情境中無法實行既有的成文規範，而必須做出變通來行權時，對荀子而言，這樣的權宜變通也是「道」（禮義之道）的表現。

就形式而言，荀子「以道正權」之說，與後世的「反經合道」之說，已十分相近，因為，這兩種提法中的「道」，在意義上皆是涵衍「權」的。而兩漢之後的「反經合道」之說，之所以為宋明儒者（如伊川）所拒斥，是因為他們認為當中所指之「道」，其實質的意義內涵已有所偏失，「道」失去其道德意涵，轉為政治用途，而淪為替統治階層所服務的「道」。

以上說明了儒家在行權時的積極原則。綜言之，我們可由孟子所做出的「執一」與「行權」的區分，了解「權」的主要特性是變化性和靈活度。而儒家所提出行權上的積極原則有「盡人倫」、「志於仁」、「巽以行權」、「兼權孰計」等，從這些運行原則中可知，儒家在行權時的考量因素主要有：人倫關係、道德動機、道德情感、禮儀規範。現在的問題是，這些行權原則所我們所熟知的儒家一般性的道德原則在許多方面似乎並無二致；那麼，「權」概念的提出以及儒家對於行權的說明，其用意究竟為何？

觀乎儒家提出「權」之目的，一方面是對於道德規範為了對於道德衝突有所回應，另方面，是要對禮樂規範所可能形成的僵化危機做出鬆動，突顯儒學的可應用性，因此，「權」概念在儒家並不是一個可有可無的概念。只是，我們仍必須問：當一個行動者在行權之際，無法同時兼顧上述幾項積極原則時，而必須做出取捨時，又應當如何為之？這涉及到儒家對於道德衝突問題的解決方式，我們必須通過儒學文獻中更多的例示及闡示來深究之，而這項工作，將在本文第三章以專章的方式處理，此處暫擱置不談。

（二）消極原則

儒家除了正面說明「權」的運作特性外，亦強調「權」的運作限制。《公羊傳》中說：

> 權者反於經，然後有善者也。權之所設，舍死亡無所設。行權有道，自貶損以行權，不害人以行權。殺人以自生，亡人以自存，君子不為也。（《公羊傳・桓公十一年》）〔註38〕

〔註38〕本文所引《公羊傳》原文悉以王維堤、唐書文二先生的《春秋公羊傳譯注》為據。出版資料請參見文末「徵引書目」。

當中說到，「權」的運作時機是在關乎生死存亡的危急之際，除此之外，不應設權。此外，行權時可自貶損，犧牲自我利益，但不可害人以行權。從這個角度來談「權」，則「權」的使用時機便大受限制，而成爲在非常時刻或特殊情境中的非常作爲。

然而，在先前的討論中提到，孟子強調道德行動不可固守單一原則，否則便是「執一」，會有損於儒家的強調「盡人倫」及「志於仁」的道德要求。而孔子「無可無不可」的主張，更說明了「權」是所有道德行動中的必要條件。那麼，此處《公羊傳》中對「權」的使用時機加以設限，使「權」成爲在不得已狀態中的作爲，似乎與《論》、《孟》對「權」的談論有不一致之處。但此實爲一種誤解，因爲《論》、《孟》中所論之「權」與《公羊傳》所言之「權」有歧義，或可謂兩者在意義層次上並不相同：前者是廣義的「權」，指涉人們在進行道德判斷和行動抉擇時的一種因境制宜的道德思考和行動方式；後者則是狹義的「權」，特指當人們在行動中面臨道德衝突時，所應採取之違反一般性規範的道德思考和行動方式，而後者必須以前者爲基礎。也就是說，無論人是否處於道德衝突的情境中，都要能靈活運作道德原則，行當行之事，而不爲原則所制約。

明乎此，我們便可了解，當儒家論及「權」之運作限制時，所言之「權」是屬上述所指那種狹義的「權」。要之，《公羊傳》對於「權」的運作限制有二：一是「舍死亡無所設」，二是「不害人以行權」；前者是對於「權」的運作時機的限制，後者是對於「權」的運作條件的限制。就運作時機而言，除非危及性命，否則不宜設「權」。就運作條件而言，除非能符合不傷害原則，否則不應設「權」。將兩者合看，則《公羊傳》的「權」可說是爲了解救他人於存亡之際所發動的行爲。

有些學者基於《公羊傳》之言「權」有生死利害的計量，而認爲《公羊傳》中的倫理主張是屬於結果論的立場，也就是從行動的結果來判斷行動是否爲善，但這是令人質疑的說法。

首先，《公羊傳》此處只是就行權的原則作出說明，我們不能將《公羊傳》的權說擴大解釋爲其全幅的倫理立場；換言之，我們只能就《公羊傳》的這段文獻了解《公羊傳》主張「如何行權方爲『善』」，但無法推出「如何「行動」方爲『善』」。因爲《公羊傳》此處所言的「行權」並非涉及所有的道德行動，而是專指在生命危急之際所採行的道德行動。

退一步說，有學者專就《公羊傳》的行權主張，指出《公羊傳》在行權立場上採結果論，但此主張亦無充份理據。因爲「在行權的行動中做生死計量」，並不涵衍著「該行權的行動是基於結果論或目的論」。況且，《公羊傳》中的行權考量明顯主張利他而非利己，若就結果論的立場而言，在行動中所有有關人士的利益都應被計入，做爲公平考量的對象，則不應出現如此的取捨方式，可見將之視爲結果論並非適切的解釋。

再就此段文獻內容來看，我們並無法排除《公羊傳》的行權主張是基於善的意志而行的，也就是說，我們亦可以偏向義務論的立場來詮釋《公羊傳》的行權主張。董仲舒在《春秋繁露》中對於《公羊傳》所言「權」有進一步的詮釋：

> 故凡人之有爲也，前枉而後義者，謂之中權。(〈竹林〉)
>
> 權之端焉，不可不察也。夫權雖反經，亦必在可以然之域。不在可以然之域，故雖死亡，終弗爲也。(〈玉英〉)〔註39〕

董仲舒認爲，「權」在發動之初是違背一般的道德原則的（「枉」），但從結果來看，卻是合乎道德的（「義」），若結果不合乎道德，不能說是「中權」。也就是說，「義」是「權」能成立的充份條件。而所謂「義」，必須就著道德動機來檢視，此乃董仲舒所言不得不察的「權之『端』」。若非出於善良意志的動機，不可謂「義」，則其所做出的行權之舉，便不在可接受的行權範圍之內。

要之，從《公羊傳》對於「權」的運作限制的說明可以看出，儒家對於違反一般性道德原則的「權」有明確的限制；除了強調行動者必須在適切的運作時機中行權外，也對於行權的動機作出了嚴格的檢視，以避免行動者只顧進行結果計量而漠視動機所可能產生的道德滑坡。

第四節 「經」與「權」之具體效用

儒家作爲成德之教，可謂一生命的學問、實踐的學問，也就是說，儒家關切的是如何引導一般人在生命過程之中從事道德實踐。是以當我們探問儒家倫理學中各個概念及主張的意義時，我們必須進一步追問，那些概念或主張究竟在人的道德實踐過程中能起到何種作用？然而，道德實踐終究必須落

〔註39〕本文所引《春秋繁露》原文悉以賴炎元先生的《春秋繁露今註今譯》爲據。出版資料請參見文末「徵引書目」。

實於行動之中，而道德概念或道德主張不能爲道德實踐提供任何保證，一個理解道德概念或道德主張的人，並不一定會去從事道德實踐。因此，當我們追問道德概念或道德主張的效用時，不是要問這些概念或主張如何「推動」人的道德實踐活動，而是要問這些概念和主張，在行動者的道德行動過程中，能爲行動者帶來何種行動指引？

就此而言，本文將指出，「經」在儒家倫理學中的作用，主要在於確立「道德的相干性」（moral relevancy）〔註40〕；而「權」的作用，則在於回應道德實踐的特定性之要求，筆者將前者名之爲「軌範指向」，而將後者稱爲「適應指向」。

一、軌範指向

「經」在道德活動中的作用是作爲一個道德意義的載體，用於確立「道德的相干性」，亦即確定何種成素能令到某一判斷屬於道德上相關的判斷。在確立「道德的相干性」後，才能確立道德原則，並藉由道德原則的指引，將人進一步將人導向道德實踐之路。《孟子》中提到：「君子反經而已矣。經正，則庶民興；庶民興，斯無邪慝矣。」（〈盡心下〉），當中強調「君子」應將其生命活動致力於道德實踐之中，時時反（返）「經」而不離於「經」，可見「經」在道德活動中起著照明、指引人的行動的作用，筆者將此作用名之爲「經」的「軌範指向」。

必須說明的是，筆者於此採用「軌範指向」一詞，是指「經」的意義在於確立行動者所採的行動原則在道德上的相干性，而非意指儒家的「經」概念蘊涵某種目的論取向。所謂「目的論取向」，即是以行爲之結果作爲道德判斷的「唯一」依據。儒家雖重視行動之結果，但並非目的論者；因爲，儒家並非以行動結果作爲道德判斷的「唯一」依據。如孟子便明言「經德不回，非以干祿也」（〈盡心下〉），即使「經」在引人入德後可帶來政治上或社會上的效益，但這只是伴隨道德活動而來的效果；換言之，此結果雖合乎效益，但並非儒家道德行動的動機或基礎所在。

再者，此處發揮軌範指向的效用之「經」，是廣義的、根本意義上「經」，亦即作爲「常道」的「經」，而非「反經合道」之說中的「經」。「反經合道」

〔註40〕黃慧英先生提到，道德原則本身就是以道德的相干性（moral relevancy）爲準則而建立的。換言之，將何種因素視爲道德上相干的判斷，就是道德原則的指向。參見黃慧英：《儒家倫理——體與用》，頁245。

之說中的「經」，可作爲一般性的道德原則來解釋。這些一般的道德原則雖是道德活動的成素，具有道德的相干性，但也有必須被因時調整的需要。然而，無論如何調整，皆不離道德的相干性。因此，「反經」可有兩意，一是根本意義上的「反」（回返）「經」（道德的相干性），另一是權宜意義上的「反」（違反）「經」（一般性的道德原則），後者必須以前者爲基礎。

二、適應指向

不同於「經」用於指示道德的相干性，「權」則致力於滿足道德實踐的特定性要求。所謂道德實踐的特定性，是針對行動情境的變化而言。由於每一個行動情境當中的組成要素，或多或少與其它情境不同；因此，行動者不應無視於情境的差異，不假思索地運作道德原則。「守經事而不知其宜，遭變事而不知其權」〔註41〕的作法，是僵化地執守規條，而非眞正致力於道德實踐。

有人認爲，我們似乎無法在所有時候對於生命中與道德相關的行動進行道德考量。在有些十萬火急的狀況下，只能拿出「老手常規」，依成規而行。然而，就算行動者身處於情勢緊迫的行動情境，做出因循一般性原則而行的決定時，亦是一種道德考量，並非全然不作任何道德考慮的行事。因此，如何「因所遇而應之」（《孟子・離婁下》），適應個別不同的道德實踐情境，作出合乎道德的行動，是行動者無所逃的課題，而「權」的效用即在於此，筆者將之稱爲「適應指向」。

簡言之，「權」的「適應指向」一方面在於要求行動者必須在行動中適應行動情境中的特定因素，另方面亦在確保行動者在道德上的創造性。所謂「道德的創造性」，是指行動者面對不斷敞開的經驗世界和不斷改變的行動情境時，能掌握其中的因素變化，就著具體狀況做出行動調整，展現靈活有效的道德決斷能力。〔註42〕

〔註41〕語出《史記・太史公自序》：「爲人臣者不可以不知春秋，守經事而不知其宜，遭變事而不知其權。爲人君父而不通於春秋之義者，必蒙首惡之名。」本文所引《史記》原文悉以《文淵閣四庫全書》藏本爲據。出版資料請參見文末「徵引書目」。

〔註42〕黃慧英提到，儒家強調「由仁義行」，而非「行仁義」，當中所展現的即是一種道德的創造能力。亦即，並非預設著行動者必須遵循或應用某種道德原則或規範；而是要行動者就著當下處境，決定必須遵守或踰越規範。參見黃慧英：〈道德創造之意義〉，收入李明輝主編：《牟宗三先生與中國哲學之重建》（臺北：文津出版社，2011年），頁145。

第二章　「經」與「權」之辯證

經者，道之常也；權者，道之變也。道是箇統體，貫乎經與權。
——《朱子語類》第 37 卷

第一節　「經」、「權」之辨

一、爭論之焦點

第二章主要論述了「經」、「權」各自的概念發展、運作方式和具體效用。本章則專門探究儒家思想中之「經」、「權」關係。

《公羊傳．桓公十五年》中記載了一個著名的道德衝突事例。在此事例中，作者通過對於經、權關係的表述，說明儒家在相關情境中的立場：

> 古人之有權者，祭仲之權是也。權者何？權者反於經，然後有善者也。權之所設，舍死亡無所設。行權有道，自貶損以行權，不害人以行權。

事情始末大致是：宋人抓了祭仲（鄭國宰相），要脅他另立國君，祭仲暫從，因而得以緩事，保全原君之命，以便他日另謀復君。對此，《公羊傳》評祭仲之行乃是權的表現。從中可知：一、「權」是在某種特定情境之中進行的（「舍死亡無所設」）。二、行權有其限制（「不害人以行權」）。三、行權的目的是爲了實現「善」。易言之，「權」的概念表達了處境的特定性和道德的相干性。《公羊傳》中也首次論及經、權之間的關係——「權者反於經」。然而，由於以「反經」爲「權」之說言簡意賅，遂爲後世儒者留下不少的解釋空間。

儒學發展至兩漢時，混雜了陰陽五行的宇宙觀及人生觀，且多爲政治立言，以爲建立大一統政權之理論根據。在經權思想上，儒者多將「經」、「權」

與「常」、「變」兩組概念對舉，並擴大「權」之運用範圍，強調「權變」。如董仲舒在《春秋繁露》中對《公羊傳》之詮釋便是如此。他區分「經禮」、「變禮」（〈玉英〉），強調可各行其道，不相妨害。然而，由於漢儒將先秦儒學將「權」的觀念擴大解釋至曲解其義，所提出「反經合道」之說，已偏離道德意義，故爲其後的宋明清儒者所批評。

宋明清儒者一方面對兩漢儒學之經權觀作出辨析；另方面，身爲先秦儒學之詮釋者，宋明清儒者在討論經、權時，其問題意識和思考脈絡均有承於前者，但有更細緻之論說發明。學者中如伊川、朱子、蕺山……等，皆曾就經、權之意義及關係提出看法。其中，用力最深者爲朱子。在他對於先秦儒學經典的詮釋中，匯集歷代經權思想之重要內涵，不但對經、權之意義層次作出清楚分疏，復對經、權關係多所論述，在儒家經權辯證之論述脈絡中，居承先啓後之樞紐位置。

以下先就「經權是否有辨」的問題進行探討，說明這是由於概念意義層次混淆所產生的假問題，只要釐清概念之意義層次，便可解消問題。復次，檢討儒者用以區分「經」、「權」概念的幾個模式。在歷代儒者對於經權關係的討論中，大抵可歸納出四種區分「經」、「權」的方式，分別是「常」／「變」、「體」／「用」、「深」／「淺」，以及「已定」／「未定」，文中將一一辨析，並說明不同的區分方式所展現之「經」、「權」意涵。接著，分析「反經合道」、「道貫經權」之主張，藉以呈現「經」與「權」之間的辯證關係。最後，說明「經權辯證」在儒家倫理學中的意義，以及其對於解決道德衝突問題可能做出之指示。

從寬泛的意義上說，由早期先秦儒學至晚近宋明清儒學中對於「經」、「權」概念的說明，可謂一部「經」、「權」概念的詮釋史。「經」、「權」之所以在儒學中不斷被討論，原因有二：其一，歷代儒者對於《論語》中「可與立，未可與權」中的「權」之意，解釋不一，因而出現不斷探義的工作。其二，由於伊川對於經權關係獨持異議，提出「權只是經」之說，引發儒者對於經、權究竟是一或非一的爭論。

由詮釋史的過程來看，歷代儒者對「權」概念的論述在先，而伊川所開啓的經權之辨屬於後起；然而，經權之辨這項議題的出現，對於儒家「權」概念的理解和解釋工作，發揮了深化的作用。通過宋明儒者對於經權關係的集中討論，我們可發現「權」概念不應被獨立於「經」之外來理解；對於「權」

概念意義的探析，必須在「經權辯證」的脈絡中進行，方能逼顯出「權」概念在儒家倫理學中的獨特意涵。

宋明儒者對於經、權概念的討論焦點首先在於：經、權是不是兩個有意義分別的概念？若是，應如何分別？兩者又存在何種關係？對此，伊川說道：

> 程子曰：「可與共學，知所以求之也。可與適道，知所往也。可與立者，篤志固執而不變也。權，稱錘也，所以稱物而知輕重者也。可與權，謂能權輕重，使合義也。」〔註1〕

> 程子曰：「漢儒以反經合道爲權，故有權變權術之論，皆非也。權只是經也。自漢以下，無人識權字。」〔註2〕

伊川之說主要包涵幾個論點：一、「權」的行動內容在於衡量輕重。二、「權」之目的在於「合義」。三、「權」只是「經」。申言之，「權」即是根據不同行動原則之義理份位（道德的切近性），對各個可能的行動原則進行取捨判斷，使行動能符合道德的要求（合義）。伊川強調，「權」這種因應道德之要求而行的作法，亦即是「經」。對於伊川的想法，趙順孫作了進一步的詮釋，他說：

> 天下之理，惟其當然而已。當經而經，當然也；當權而權，亦當然也。則權雖異於經，而以其當然，則亦只是經，此程子之說然也。
>
> （趙順孫《論語纂疏》第5卷）

從行動內容上，「權」異於「經」，但何以又說「權」「只是經」？趙順孫認爲，因爲「經」、「權」皆是「當然」之行。所謂「當然」，便是「應當如此」；說到「應當」，便指向行動的道德性。無論是伊川提到的「使合義」，或是趙順孫所言的「以其當然」，兩種說法皆在表明：「權」之所以「只是經」，是因爲「權」和「經」一樣，皆是合乎道德要求之行動。

然而，當伊川基於行動的道德性，將「權」涵攝於「經」，而主張「權只是經」時，卻也忽略了他自己所見的有關於「權」的特出意義，伊川有言：

> 古今多錯用權字，纔說權，便是變詐或權術。不知權只是經所不及者，權量輕重，使之合義，纔合義，便是經也。
>
> （《二程集》第18卷）〔註3〕

〔註1〕轉引自〔宋〕朱熹：《四書章句集注》（北京：中華書局，2008年），頁119。

〔註2〕同上註，頁119。

〔註3〕本文所引《二程集》原文悉以王孝漁本點校本爲據。出版資料請參見文末「徵引文獻」。

「權只是經所不及者」，說明「權」有獨立於「經」之外的意涵，而這主要與「權」作為「行動之權衡」的特性有關。蓋「經」是對於道德行動的方向作出靜態的、原則性的指引，「權」則是對於道德行動的內容進行動態的、具體性的裁示。所謂「權」有「經所不及」之處，即是說，在道德行動的情境中，行動者雖有一般性的道德原則（「經」）來做指引，但亦需要有「權」以就著各個特定的道德情境衡量行動的適切性。就此而言，「經」並無法完全涵攝「權」。「權只是經」的說法，因而在義理上有未盡之處，甚至容易形成概念之混淆。

首先，同情地理解，伊川所謂「權只是經」，似乎是指「經」、「權」兩者為「自一」的概念。說兩個概念「自一」，是說兩者意義不同但指涉相同，即兩者是從不同的面向指涉相同的項目。例如在陸象山的「性即理」主張中，「性」和「理」就是「自一」的概念，即「性」和「理」雖有不同的意義，但兩者乃是指涉同一個存有項目。這樣的話，我們便必須問：「經」與「權」是「自一」的概念嗎？兩者是對同一道德行為的不同面向之表述嗎？

依伊川所言，「經」與「權」之為「自一」，是基於兩者皆「合義」，即皆合乎道德價值或道德理想。然而，「共有某種性質」並不能充分保證兩者之為「自一」。舉例說，「游泳」和「打籃球」兩者共有「促進健康」的性質，但「游泳」和「打籃球」兩者顯然不是自一（同一活動的不同面向）。由此可見，即使「經」與「權」兩者共有「合義」的性質，也不保證「經」和「權」兩者「自一」。就此而言，伊川以「經」、「權」皆「合義」作為理由，主張「權只是經」，並不能達成「經」、「權」為「自一」概念的結論。

退一步說，若伊川所謂「權只是經」並非意謂兩者自一，而是強調「權」只是和「經」一樣皆合乎道德價值（「合義」），則此說便似太過側重「權」和「經」之所同，而未及注視兩者之所異。蓋伊川本人亦謂「權只是經所不及者」，「經」所「不及」的是什麼？是「權」的「量輕重」之功能，即基於對事況之分析而有的「如何行為」之裁量。如此，我們不得不說伊川的「權只是經」實頗具誤導性——他給了我們「『權』和『經』是同一行為的不同說法」這樣的印象，卻抹去了「權」在「經」以外所具備的特殊意義。

伊川之所以強調「權只是經」，是為了對治兩漢以降的「反經合道」之說。漢代以來，在儒家雜揉法家思想的情況下，儒學轉為儒術，統治階層徒欲保留禮法規制的外在形式，作為駕御臣下的工具。社會上又充斥權變、權術之說，主張在位者可爲達成特定的政治目的而隨時改弦易轍。漢儒所言之「反經合道」，其中的「道」已非儒家主張的「仁道」，而是君主和臣下互攻心計的馭下迎上之道。儒家原本爲了因應實踐情境所提出的權宜變通之說，淪爲國君和人臣在政治場域中任意操弄的權變、權術。這種操弄權變、權術，枉顧道德考量，使「權」脫離了善，成了欲達目的、不擇手段的行動方式，伊川以其危害甚劇，遂直言「權只是經」，要將「權」重置於儒學正軌。

對於伊川之用心，朱子確有所見，他說：「大抵漢儒說權，是離了箇經說；伊川說權，便道權只在經裏面。」（《朱子語類》第 37 卷）。然而，朱子雖能善體伊川提出「權只是經」一說的初衷，但朱子也認爲，伊川之說立意雖明，但不免有矯枉過正之虞；因爲，徒以「權只是經」來解釋經權關係，若缺乏進一步的說明，便泯除了經、權的意義分別。朱子說：

> 經與權，須還他中央有箇界分。如程先生說，則無界分矣。程先生「權即經」之說，其意蓋恐人離了經，然一滾來滾去，則經與權都鶻突沒理會了。（《朱子語類》第 37 卷）
>
> 權與經豈容無辨！但是伊川見漢儒只管言反經是權，死後世無忌憚者皆得借權以自飾，因有此論耳。然經畢竟是常，權畢竟足變。（《朱子語類》第 37 卷）
>
> 權與經，不可謂是一件物事。畢竟權自是權，經自是經。（《朱子語類》第 37 卷）
>
> 若說權自權，經自經，不相干涉，固不可。若說事須用權，經須權而行，權只是經，則權與經又全無分別。觀孔子曰「可與立，未可與權」；孟子曰「嫂溺援之以手」，則權與經須有異處。（《朱子語類》第 37 卷）

若依伊川所言，「權只是經」，則儒家根本不須在「經」之外，另提出「權」的概念。然而，《論語》中提到了「未可與權」（〈子罕〉）、《孟子》以「嫂溺之喻」將權、禮對舉（〈離婁上〉），這些傳統儒家經典中皆言及「權」，足見「權」概念在儒家思想中並非無足輕重，而有其特出意涵。「權只是經」的提法，雖然突顯了「經」的義理份位，卻沖淡了「權」的意義特色。是故，「經」、「權」兩個概念必須有所區別。因此，不同於伊川基於「經」、「權」皆「合義」，而逕言「權只是經」，朱子主張「經」、「權」應有辨。

當然，朱子也明白，縱使伊川有「權只是經」的提法，未必意謂伊川認為「權」在儒家思想中可有可無。伊川毋寧是認為行權之說必須合於道德，不能藉以妄作非為。朱子看出伊川隱涵之意，因此強調：

> 如某說，非是異伊川說，即是須為他分別，經是經，權是權。（《朱子語類》第 37 卷）
>
> 伊川說「權只是經」，恐也未盡。（《朱子語類》第 37 卷）
>
> 伊川說「權卻是經」，卻說得死了，不活。（《朱子語類》第 37 卷）

可見朱子並非認為自己對於經、權之根本立場與伊川不同，問題在於伊川「權只是經」的提法在對於經權關係的說明上「未盡」、「不活」。意即，「權只是經」表述方式是不充份的意義表達，會將「權」的意義拘限住，使學者在理解「權」時，忽略了「權不離經」（「權」不可離開「經」所指向的道德性）以外的思考面向。

歸言之，「權只是經」或「經權有辨」並非相互對反之命題主張。「權只是經」只是表明對於「權」必須與「經」一樣，堅持行為的道德性；而「經權有辨」則在強調「權」是在一般道德規範（「經」）窒礙難行時所進行的行為調整內容。明乎此，我們便可以從「經權是否有辨」的議題轉向「經權如何分辨」的問題。

二、「經」與「權」之區分

伊川有見於權變、權謀之說之橫行，將後世對於「權」的理解引入錯誤的方向，因而以「權只是經」來彰顯「權」之道德意涵。朱子雖同意伊川對漢儒權變、權術之說之批評；然而，朱子也認為，漢儒發揮《公羊傳》中「權者反於經，然後有善者也」（《公羊傳．桓公十一年》）之說而提出的「反經合道」之主張，就形式而言，正可顯出「經」、「權」之分別，朱子說：

> 伊川謂「權只是經」，意亦如此。但說「經」字太重，若偏了。漢儒「反經合道」之說，卻說得「經、權」兩字分曉。（《朱子語類》第 37 卷）

「反經」之「反」，可有兩解，其一是作「背反」，另一作「歸反」。謂「權」「背反」於「經」，是就「權」之行動方式不同於「經」之規範內容而言；謂「權」「歸反」於「經」，是強調「權」必須合乎「經」所指向的道德歸趨。

雖然上述兩義均為順當之解釋。然而，當我們注目於「經權之辨」時，此兩解恰可引出兩種對於「經權之辨」的看法。當我們側重於前解時，乃著意於「權」作為脫離常規（第二義之「經」）而行之舉措；側重於後解時，則著意於「權」作為常道（第一義之「經」）之表現方式。前者所呈現的「經權之辨」為「常變之異」，後者則為「體用之分」及「體用合一」。

（一）常變之異

朱子強調「權與經豈容無辨」（《朱子語類》第 37 卷）。在朱子眼中，「經」、「權」明白是兩個不同的概念，兩者如何區分？首先，朱子以「常」、「變」來區別經、權。朱子說：

> 經，是常行道理。權，則是那常理行不得處，不得已而有所通變底道理。（《朱子語類》第 37 卷）

> 經自經，權自權。但經有不可行處，而至於用權，此權所以合經也，如湯、武事，伊、周事，嫂溺則援事。常如風和日暖，固好；變如迅雷烈風。若無迅雷烈風，則都旱了，不可以為常。
> （《朱子語類》第 37 卷）

關於「經」之「不可行處」，朱子未有進一步之說明。但由湯放桀、武王伐紂、嫂溺援之以手……等例子看來，朱子所謂「不可行」之「經」，是針對一般性的社會規範而言，如：為人臣者必須盡忠於君上、男女授受不親之禮……等。這些「經」之所以有「不可行」之際，是因為行動者在行動之際，有更甚於守規循禮的道德考量在其中，因而不得不行「權」。關於這些行「權」時所做的道德考量為何？觀乎朱子所舉的例子，其中，湯放桀、武王伐紂乃為人民生命福祉著想，因而推翻暴政；伊川、周公於君主在位時攝政，是為朝代存續及穩定國事設想；而嫂溺援之以手，則是為了救人性命。這些道德行動均是出於非常時機而有的非常之舉。

由此可知，朱子認為「經」和「權」在使用時機上有「常」與「變」的分別。「經」用於常態之中，是一般性的行為規範；而「權」則是當「經」不可行時，所暫時採取的行動方式。蓋行動者之所以無法遵循常規，是因為行動者面臨了特定的行動處境。

又，由朱子「若無迅雷烈風，則都旱了，不可以為常」之說亦可見，朱子固然主張循「經」而行，但亦十分肯定因「變」而行「權」。朱子甚至認為，有「變」方能保「常」。對此，筆者認為，朱子乃是基於強調道德實踐的具體性之觀點，認為變動的處境能磨練人之行動智慧，而此行動智慧在道德實踐的歷程中不可或缺，因此肯定在「變」中行「權」之重要。朱子有云：「聖人之權，雖異於經，其權亦是事體到那時，合恁地做，方好。」（《朱子語類》第 37 卷）當行動者通過具體的實踐過程，將其智慧反覆磨練，臻至純熟，使其行事周旋皆能合宜洽當時，則其權宜之舉可謂「聖人之權」；至此境地，則其行無論是守經或是行權，均能合乎儒家對於道德理想人格之要求。朱子此說，與孟子所言「夫仁亦在乎熟之而已矣」（《孟子．告子上》）之說，恰可相互呼應。

針對朱子通過常、變來區分「經」、「權」，有幾點疑議尚待澄清。首先，由於在儒家思想中的「經」概念，其內涵十分豐富，並不限於「一般的禮儀規範」這樣的意義用法；因此，如上述所言，朱子通過「常」與「變」來區分「經」與「權」的作法，不免受到質疑。如林憶芝先生便提到，從《孟子．離婁上》中孟子回答淳于髡「嫂溺不援，是豺狼也。男女授受不親，禮也；嫂溺，援之以手者，權也」的話可以看出，孟子是以「常禮」與「權」對舉，而不是以「經」與「權」對舉。就此而言，朱子由孟子之說引證「經」與「權」必須有分辨，是混淆了「經禮」（禮制規範）與「經義」（仁義之道）的分別。林憶芝先生因此認為，伊川「權只是經」之說，方能確得孔孟眞意；反觀朱子，一方面就行事有違常規、常禮而言「反經」，同意漢儒「反經合道」的提法；另方面又說「合於權，便是經在其中」，似乎又肯定程子的說法，徘徊在漢儒與伊川之間，認為兩者各有可取之處，亦各有其偏執面，其個人立場並不穩當確切。〔註 4〕

筆者以為，說朱子立場有搖擺之嫌，不如說他在進行概念表達時，並未明確表述「經」的兩層意義。但事實上，朱子本人是隱約察覺到這兩層意義的：

> 用之問：「『權也者，反經而合於道』，此語亦好。」曰：「若淺說，亦不妨。伊川以為權便是經。某以為反經而合於道，乃所以為經。如征伐視揖遜，放廢視臣事，豈得是常事？但終是正也。」（《朱子語類》第 37 卷）

〔註 4〕參見林憶芝：〈朱子的經權說探微〉，《中央大學人文學報》第 25 期，頁 37～70。

仔細分析朱子「反經而合於道，乃所以爲經」兩句後可發現：朱子所言之「經」有兩層不同的意義用法；其中，「反經合道」所「反」之「經」是指社會中一般性的禮儀規範（「經禮」）；而「乃所以爲經」之「經」，或「反經」所企達之「道」，則指儒家所言之仁道，代表儒家道德實踐之最終理想歸趨。對於前者，我們姑且名之爲第二義之「經」，而後者爲第一義之「經」。朱子有言：

> 經是可常之理，權是礙著經行不得處，方始用權。然當那時卻是常理。……然而所謂三綱、五常，這箇不曾泯滅得。……父子兄弟夫婦之禮，天地之常經。（《朱子語類》第24卷）

> 經畢竟是常，權畢竟是變。……經是萬世常行之道，權是不得已而用之，大概不可用時多。（《朱子語類》第37卷）

朱子認爲在「經行不得處」始得用「權」，可見「經」有不能用的時機。就此而言，我們似乎不能將「經」之「常」釋爲「經常」。然而，我們又見到朱子言「經」是「萬世常行之道」。兩種說法皆在談經的「行」，亦即，「經」的運用。但前者說「經」有不能運用之時，後者則強調經是「常行」的，無時不可被運用。前後似有不一致之處。那麼，我們當如何恰當理解朱子眼中的「經」呢？筆者認爲，要取得合理而不自相矛盾的解釋，則我們必須思考，朱子對於「經」有不同的界說。或者說，朱子所言的「經」有歧義。朱子有云：

> 權與經固是兩義，然論權而全離乎經，則不是。蓋權是不常用底物事。如人之病，熱病者當服涼藥，冷病者當服熱藥，此是常理。然有時有熱病，卻用熱藥去發他病者；亦有冷病，卻用冷藥去發他病者，此皆是不可常論者。然須是下得是方可。……然若用得是，便是少他不得，便是合用這箇物事。既是合用，此權也，所以爲經也。（《朱子語類》第37卷）

朱子以生病服藥爲喻：一般而言，熱病當服涼藥，冷病當服熱藥，這是常理。然而，當人有特殊病症時，服藥的方式必須有所改變。如熱病服熱藥而冷病服冷藥。而若此調整過後的服藥方式能順利治病，則此服藥方式堪稱合用，亦即符合實際需要；此時，這種經調整過後能收效的服藥方式，一方面可視爲「權」，另方面亦可說是「經」。

在朱子的服藥之喻中，一般的服藥方式是常理，是「經」；因應特殊病症調整施用的服藥方式是「權」，但就其合用而言，亦是「經」。將此服藥之喻類比於道德實踐，可以見得：在具體的道德實踐情境中，爲因應特殊的事態變化而做出調整的行動方式，是「權」；但就此調整得宜的行動方式能符合道德要求、實現道德目的而言，亦可視之爲「經」。

由此可知，當朱子說「權」是「反經」但又是「經」時，朱子並非自相矛盾；因爲，他是就著兩個不同的意義脈絡來言「權」，一是具體的行動規則，二是道德實踐的義涵，只是朱子自己並未察覺於此而對之加以明確說明，但我們卻可從後設的詮釋立場爲其做出分別。當朱子說「權是礙著經行不得處，方始用權」時，是就前義而言；而當朱子說「既是合用，此權也，所以爲經也」，則是取後義了。先前提及，朱子認爲，伊川「權只是經」的說法，和朱子自己看待「經」、「權」的觀點並不相異，由上述，我們可看出朱子所謂其與伊川的不相異處爲何，而其中的關鍵就在於：朱子及伊川皆強調經、權皆指向道德實踐的目的。

前述提及，朱子所言之「經」有歧義，通過上述討論，我們可更明白看出朱子所說的「經」有兩個意義：一是第二義的「經」，即指成文化、一般性的社會道德規範（「經禮」）；另一是第一義的「經」，是指作爲禮制的基礎、更根本普遍的道德原則（「經義」）。如上喻所示，「熱病服冷藥，冷病服熱藥」是一般的用藥規則，正如同社會中那些既有的成文禮制。但在此一般的用藥規則中隱涵的根本原則是：我們當視病症的需要服用適當的藥，正如同我們可將「經」視爲「我們當就著不同的人、事、時、地，作出合宜（或合義）的道德行爲」。前後者的意義並不相違，只是有意義層次的分別，而後者可包涵前者

針對第二義之「經」，我們亦可藉由董仲舒在《春秋繁露》中的說明來理解：

> 《春秋》有經禮，有變禮。爲如安性平心者，經禮也。至有於性，雖不安，於心，雖不平，於道，無以易之，此變禮也。……明乎經變之事，然後知輕重之分，可與適權矣。（〈玉英〉）

《春秋繁露》中將「禮」分爲「經禮」與「變禮」。社會中一般常行之「禮」稱爲「經禮」，而「變禮」則是改易一般禮法內容而行事。由於「經禮」合乎人心之所向，亦有安定人心及社會秩序之作用，並且具有道德之引導性；因此，若不得已必須違反「經禮」而行「變禮」之際，難免造成行動者及旁觀者內心之動盪。但由於「變禮」是在衡量時宜之後做出的道德判斷和行動調整，因此最終亦合乎道德之要求。由「經禮」到「變禮」之間的調整，儒家

稱之為「權」。此處董仲舒所言的「經禮」，即是前述的第二義之「經」。「經禮」之所以合乎人心之所向，是因為其乃依據仁心所訂出；因此，在一般的行動情境下，人們可稟守此常態性的「經禮」而行。然而，在某些特殊的行動情境中，「經禮」有窒礙難行之處，此時便須在行動上做出調整，施行「變禮」。對儒家而言，無論是「經禮」或由「權」而生的「變禮」，皆依循第一義之「經」(「經義」)，也就是儒家之仁道。

除了上述疑議外，當朱子提到「經」之「常」義時，舉了「三綱」、「五常」來釋「經」，認為「父子兄弟夫婦之禮」乃「天地之常經」。對此，一般人容易將之誤解為道德上的封建或教條主義，但此實乃未深察朱子之言所致。蓋「三綱五常」之觀念出自董仲舒：

> 循三綱五紀，通八端之理，忠信而博愛，敦厚而好禮，乃可謂善。此聖人之善也。(《春秋繁露・深察名號》)

在一般的理解中，「三綱」指「君為臣綱，父為子綱，夫為妻綱」三個行為準則，而「五常」則指「仁、義、禮、智、信」五個德目。有論者批評「三綱五常」是封建思想下的產物，帶有濃厚的階級尊卑意識，但其實此非儒家本意，孟子云：

> 聖人有憂之，使契為司徒，教以人倫：父子有親，君臣有義，夫婦有別，長幼有序，朋友有信。(《孟子・滕文公上》)

觀乎孟子之言可知，傳統儒家所強調的毋寧是和諧有序的人倫關係，而不限於上對下的地位之別。從朱子所言「三綱」為「君臣父子兄弟之禮」亦可見：朱子是就著普遍的人倫理序來看待「三綱五常」，而非著意於階級之分。由於「三綱五常」指向儒家基本的道德規範與人倫秩序，朱子以為其不得泯滅，因此將之視為不易之常理，亦即根本普遍的道德原則(第一義的經)。換言之，朱子眼中的「三綱」、「五常」並非封建社會中帶有階級色彩和強制意味的禮制教條，而是指恰當的人倫表現。當我們在落實君臣、父子、夫婦等人倫關係時，可能會因為面臨某些特殊的人事狀況，必須採取與一般認可的行為規範（第二義之經）不同的行動方式，但只要持守第一義的經，亦即，行為目的乃出於道德的根本考量，則就行動之內涵而言，亦可謂實現了「三綱、五常」。

最後要說明的是，通過「常」、「變」兩概念來解釋「經」、「權」，並非原自朱子，而早見於漢代，《韓詩外傳》中有言：

夫道二：常之謂經，變之謂權，懷其常道，而挾其變權，乃得為賢。（《韓詩外傳・卷二》）〔註5〕

此處所言「道二」，並非意指「經」、「權」作爲兩種不同的「道」，而是將「經」、「權」視爲實現「道」的兩個必要條件。「道」有其不變之道德內涵，是爲「道」之「常」，亦即所謂「經」（第一義的「經」）；「道」又有其靈活變通的表現方式，是爲「道」之「變」，亦即「權」。至於「經」所代表之不變的道德內涵爲何？就儒家而言，即是普遍內在於人的仁心。若人能持守此仁義之心（「懷其常道」），據以進行道德判斷及行動權衡（「挾其變權」），便得以成就善。

比較《韓詩外傳》和朱子對於「經」、「權」的說明，《韓詩外傳》所謂之「經」，僅限於作爲常道之「經」，亦即上述所言第一義的「經」，而朱子所闡述的「經」概念，則同時照及了兩種意義層次的「經」，此乃朱子的經權觀有進於前人之處。

（二）體用之分

上述以「常」、「變」來區分「經」、「權」的作法，容易給人一種印象，那就是：「經」、「權」分屬不同的使用時機，而在儒家中爲具有同等份位之道德原則。對此，有學者提出駁議。林維杰先生認爲，無論朱子如何推重「權」，朱子所顯示的「權以證經」的實踐強度，並無法完全將「經」收攝於「權」，此中之關鍵在於朱子對於「經義客觀性」的堅持。無論「權」如何顯現出對於原則的衡量能力，由於朱子本身對於道統存續抱持的強大理念，使得朱子始終不離「經權分立」的立場以及「權以證經」之看法；因此，朱子之「權」概念「並未完全在詮釋——存有學上越過『表現』作用而顯示出某種更爲徹底的『代表』特質」。〔註6〕

對此，筆者認爲，通過對於「經」概念的兩層區辨可知，在朱子「權以證經」的說法中，所證之「經」是第一義的「經」（「經義」）；而在朱子「經權分立」的立場中，所言之「經」則是第二義的「經」（「經禮」）。而林維杰先生所強調之「權」所無法代表的、具有客觀性的「經義」，是第一義的「經」。在常變之分的區別方式之下，我們確實無法以「權」代表「經」，或將「經」

〔註5〕本文所引《韓詩外傳》悉以賴炎元先生註譯之《韓詩外傳今註今譯》爲據。出版資料請參見文末「徵引書目」。

〔註6〕參見林維杰：〈知行與經權——朱熹哲學的詮釋學模式分析〉頁185～213。

收攝於「權」。然而，在另一詮釋模式下，「權」的詮釋地位則被大大提昇，此即藉由「體」、「用」概念所詮釋之經權觀，以下舉蕺山爲代表而說明之。蕺山有云：

> 經者權之體，權者經之用，合而言之道也。禮儀三百，威儀三千，皆經也。神而明之，妙用出焉，權也。二而一者也。
> （《明儒學案．六十二卷．蕺山學案》）〔註7〕

由蕺山言「經者權之體，權者經之用」可知，蕺山以「體」、「用」來區分「經」、「權」；亦即，「權」的內涵是「經」，而「權」是「經」的表現。然而，必須注意的是，蕺山同時強調，「經」、「權」兩者乃「二而一者也」。亦即，體用並非決然二分，而是即體即用、體用不二。蕺山說：

> 權者道之體也，道體千變萬化，而不離于中，非權而何？《易》曰「巽以行權」，言入道之微也。權居無事，因物付物，而輕重準焉，言天下之至靜而不可測也，言天下之至動而不可離也。權之理主常，而準諸事主變，理即事，事即理，其常也，乃所以爲變也。漢儒反經合道之說，誠非；朱子謂權之與經，亦須有辨，亦非也。天下有二道乎？嫂溺援之以手者，權也。正是道理合當如此，乃所爲經也。故權非反經而爲言也。（《明儒學案．六十二卷．蕺山學案》）

蕺山言「權者經之用」，又言「權者道之體」。其中，「道」與「經」指向同一概念，亦即儒家所遵循之仁道。所謂「權者經之用」，強調的是「權」乃是道德的表現；而「權者道之體」，則強調儒家之仁道、仁理必須表現於事上，成爲實理，而非靜態的空談之理。無論是理事不二、經權不二或體用不二，在在說明儒家強調仁道必須落實於行動之中。對此，誠如黃慧英先生所見，儒家倫理學強調「即體即用」。「體」是指道德主體（道德心、仁心、良知），可據以制訂、修改道德原則，亦可用以解決道德衝突。道德心在解決道德衝突時，富有道德的創造性，並不拘限於固定的道德決策程序，而強調隨機起用。〔註8〕

〔註7〕本文所引劉蕺山之文字悉以黃宗羲之《明儒學案》爲據。出版資料請參見文末「徵引書目」。

〔註8〕參見黃慧英：〈儒家倫理與道德理論〉，收入黃慧英：《儒家倫理：體與用》，頁43～45。

（三）深淺之別

當朱子以「常」、「變」區分「經」、「權」時，就道德實踐的目的而言，「權」之意義蘊涵在「經」之中，就此而言，「權」似乎在義理層次上較「經」為低。然而，朱子認為，就著行權意指能在臨事時恰當應變而言，作為深度道德行為表現的行權之舉，反而是「經之所不及」，是「經之要妙微密處」。朱子說：

> 曰：「嘗龜山云：『權者，經之所不及。』這說卻好。蓋經者只是存得箇大法，正當底道理而已。蓋精微曲折處，固非經之所能盡也。所謂權者，於精微曲折處曲盡其宜，以濟經之所不及耳。所以說『中之為貴者權』，權者即是經之要妙處也。如漢儒說『反經合道』，此語亦未甚病。蓋事也有那反經底時節，只是不可說事事要反經，又不可說全不反經。如君令臣從，父慈子孝，此經也。若君臣父子皆如此，固好。然事有必不得已處，經所行不得處，也只得反經，依舊不離乎經耳，所以貴乎權也。……孔子曰：『可與立，未可與權。』立便是經。『可與立』，則能守箇經，有所執立矣，卻說「未可與權」。以此觀之，權乃經之要妙微密處。非見道理之精密、透徹、純熟者，不足以語權也。」（《朱子語類》第 37 卷）

在先前的論述中，我們曾區分出「經」之兩層意義。於此，我們亦可見到，朱子以兩種方式述明「權」之意涵：其一，「權」是「反經」；其二，「權」是「經之要妙處」。就前者而言，區分經、權的方式在於行動的時節，亦即行動者所身處的時空環境。「經所行不得處，也只得反經」中所言的「行不得處」，便是像「嫂溺」這樣的特殊狀況。此時，「見到他人有生命危險時應挺身相救」的道德原則，和「男女授受不親」的禮制（一般性的社會規範）相衝突，而適切的行動方式，是將救人的道德要求置於一般的社會規範之上，對有性命之危的嫂子援之以手。由此可知，當朱子以「反經」釋「權」時，是將「經」視為禮制；而之所以要反經以行權，是因為在某些特定情境中，若執守作為禮制的「經」，會導致道德上的惡，因此，「反經」以行權是必要的。

然而，除了因應行動時節反經行權外，朱子針對經、權關係另有說明。他認為經「只是存得箇大法，正當底道理」，而權是「經之要妙處」。此時，「經」的意義便非作為「禮制」而言，而指向一般行為規範或成文禮制背後的根本道德原則，亦即儒家所主張的仁道或推己及人之道，這是朱子所謂的行為之「大法」或「正當底道理」。

隨著「經」的不同用義，與「經」關係密切的權，其意義也隨之變動。當「經」指「禮制」時，反經之「權」是指違反禮制的行動原則；當「經」指向道德的根本原則時，「權」則指審乎事態變化、將道德原則具體實現於情境之中的行動原則。若我們爲區分方便，將「反經」之「權」視爲第二義的「權」，而將作爲「經之要妙處」之「權」稱作第一義的「權」，則第二義的「權」，其意義當爲第一義的「權」所包涵，並且，「權」的根本意義展現於第一義的「權」，強調一種「時措之宜」：當守經則守經，當反經則反經。

至此，我們可區分出兩種意義的「權」，亦即作爲「反經」之權，與作爲「時措之宜」之權。關於這兩種「權」，朱子又有進一步之說明：

> 又云：「事有緩急，理有小大，這樣處皆須以權稱之」們問：「『子莫執中。』程子之解經便是權，則權字又似海說。如云『時措之宜』，事事皆有自然之中，則似事事皆用權。以《孟子》『嫂溺援之以手』言之，則『權』字須有別。」曰：「『執中無權』，這『權』字稍輕，可以如此說。『嫂溺援之以手』之權，這『權』字卻又重，亦有深淺也。」（《朱子語類》第37卷）

在朱子和門人的討論中，觸及了孟子所言之「權」——「嫂溺援之以手」的「權」與「執中無權」的權——所涵蘊的兩層意義。朱子認爲，遇到非常狀況時，必須「反經」而行的「權」，與在任何情境中皆須表現出的、衡量「時措之宜」的權，前者較重，後者較輕。對此，筆者以爲，朱子所言權的「輕」和「重」，非指義理地位之輕重，而當指在道德行動中對於禮制的調整程度。在一般性的、不具有道德衝突的行動情境中，行動者雖仍須就小節斟酌其行爲表現，但由於在行動的方向上有成規可循，或有相類的行動經驗可參考，因此，行動者不須在兩難的處境中做出艱難的抉擇或重大的裁量。然而，當行動者處於特定的、具有道德衝突的處境時，便有重新思考行動方式之必要。如何因應道德衝突、做出適當的行爲調整，在在考驗者行動者的實踐智慧。

此外，朱子並且提到，「反經」而行之「權」尚有深淺之分。此深淺之分，一方面指向行動調整之深淺程度，另方面亦可視爲實踐工夫之深淺。愈是艱困的道德衝突處境，可能面臨更多的行動調整，也愈需要深厚的道德實踐工夫。

最後，對於「權」的兩層意義，筆者試舉例說明之。如：醫生在面對一位信心極其微弱的重症病人時，爲增加其存活意志，往往被家屬要求稍隱其病情，以便進行後續治療，此乃違反一般誠實原則的「反經」之「權」（第二義的「權」）。當醫生向任何病人陳述病情時，面對不同的病人，陳述病情的態度和方式皆有權宜取捨之心在其中，此便是第一義的「權」。就概念意義而言，後者可蘊涵前者；但就行動之調整狀態而言，後者才是在道德衝突處境中被突顯的「權」之意涵。

大陸學者岳天雷先生在探討朱子權說時，曾對朱子之權說提出兩點主要批評：其一，朱子在常變之分下的「經權異用說」，割裂了時空效用範圍，否認了權衡權變的普適性問題；其二，朱子權說有「經主權從」的經學獨斷論之弊。〔註 9〕對此，筆者以爲，上述批評並未照及朱子經權思想之全貌。

首先，將朱子之經權觀片面解讀爲「經權異用」並對之加以批評之說，早見於明儒高拱，高拱有云：

> 獨謂處常則守經，遇變則行權，而其說至今因之。信斯言也，是經權之異用也。彼所謂經也者，非子思「大經」、孟子「反經」之經歟？其爲經固也，而乃爲之經綸焉。類聚群分，而各得其理焉，反焉而得其正焉，非權孰爲之者？而獨謂爲處變之物哉？（《問辨錄》卷六）〔註 10〕

由此處朱子所言「權者即是經之要妙處」、以及「權」有輕重深淺之別的說法可知，朱子並非只主張「經權異用」，或僅著眼於通過常、變來區分「經」、「權」。此外，朱子之論經權，亦非如岳先生所見，乃是將「經」、「權」置於主從架構下，以「經」制（約制、宰制）「權」。事實上，在儒家思想中，「經」與「權」並非相互對峙，而毋寧是相依相成的關係。此經權之關係，在朱子通過「已定」、「未定」之際來談論「經」、「權」的說法中，表現得益加明白。

（四）已定未定之際

朱子有言：「經是已定之權，權是未定之經」（《朱子語類》第 37 卷）。所謂「已定」、「未定」的意義爲何？對此，我們不妨通過朱子所提的稱物之喻來幫助我們理解，朱子說：

〔註 9〕參見岳天雷：〈朱熹論「權」〉，《中國文化研究所學報》第 56 期（香港：香港中文大學，2013 年 1 月），頁 182～183。

〔註 10〕本文所引《問辨錄》原文，悉以紀昀等總纂《景印文淵閣四庫全書》之版本爲據。出版資料請參見文末「徵引文獻」。

又問：「權是稱錘也。稱衡是經否？」曰：「這箇以物譬之，難得親切。」久之，曰：「稱得平，不可增加些子，是經；到得物重衡昂，移退是權，依舊得平，便是合道，故反經亦須合道也。」

（《朱子語類》第 37 卷）

這個譬喻巧妙的將朱子所主張的「經」、「權」意義明白表現出來。當朱子回應弟子，經、權難以「以物譬之」時，說明了經、權不宜被視爲兩個定性的概念，亦即有明確內容和屬性的概念。觀乎朱子言「經」是「稱得平」而「權」是「移退」可知，朱子主張將「經」、「權」視爲兩個具有行動性的、指示性的概念，亦即引導人們進行道德實踐的概念。在此喻中，朱子將稱物一事類比於道德實踐的過程。當稱衡得其平，意謂著稱物過程已完成，朱子言此時爲「經」，藉此喻示道德實踐的完成狀態是「經」；而當稱錘隨物之輕重在稱衡間挪移時，此時的狀態爲「權」，藉以表明「權」是道德實踐過程中的衡量取捨的行動狀態。

由此可見，朱子強調「經」、「權」必須關聯到具體的道德行動過程。順乎此，我們可將上文朱子所言的「已定」、「未定」視爲道德行動的完成與否，亦即，就道德的實踐狀態而言「已定」、「未定」。「經是已定之權」，意謂當行權的過程完成時，也同時實現了根本的道德原則（「經」）；「權是未定之經」則在說明：在行權的過程中，作爲道德原則的「經」，仍未被充份實現。

蓋儒家之所以提出「權」的概念，是爲了說明道德意識及道德原則如何具體落實爲道德行動。由朱子所言「權是未定之經」可知，「權」的意義離不開「經」所標示的道德內涵，並且指向道德行動的過程。而「經是已定之權」，則在強調對於道德內涵的說明亦不能脫離於道德的權衡行動。「經」作爲道德的根本原則，目的在將人的行動引導向善，使人通過生命的實踐行動成爲一個有道德的人。當人通過道德行動實現道德原則時，亦同時貞定了道德原則的意義，就此而言，「已定」、「未定」除了涉及行動結果，還可以視爲道德意義之確立（在行動中確立）。無「權」之「經」，將流於僵滯之教化規條，失去「經」的本義（道德之根本意涵）；無「經」之「權」，則將漫無定向，終將淪爲胡作妄爲。

第二節 「經」、「權」之辯證關係

一、關於經權範疇之不當詮釋

目前學界對於儒家「經」、「權」關係之論述，在通論部份，有葛榮晉的《中國哲學範疇導論》及張立文的《中國哲學範疇發展史：人道篇》，二書各有專章討論「經」、「權」。〔註 11〕

在《中國哲學範疇導論》一書中，葛榮晉將「經」、「權」理解爲標示常規與權變的一對哲學範疇，縱向展示了「經」、「權」關係的歷史演變。

然而，書中有部份觀點値得商榷。如書中提到，宋代以前提倡的「反經合道」之說，兼顧「經」與「權」的對立面和統一面，呈現出樸素辯證法思想。宋儒對於「反經合道」的批判，卻割裂了「經」與「權」的辯證關係，其意圖在維護封建綱常，是地主階級保守性和反動性的表現。反之，清儒批判宋儒的權說，致力於恢復和發展漢代的「反經合道」之說，象徵進步的實學思潮的興起及地主階級改革派的自我批判，並充實和發展了辯證法思想。

在理據未足之情況下，葛先生批評宋代儒者（如程頤、朱熹）之經權思想，乃是地主階級出於鞏固政權、維護封建綱常之意圖，「以形而上學的觀點對辯證法思想的否定」；反之，明清時期的儒者（如高拱、焦循、戴震）之經權思想，則代表地主階級的改革派通過辯證法，揭露宋儒權說中的保守性和反動性，進而提出的一種進步思潮。〔註 12〕葛先生之見，明顯是將社會階級對立的觀點，視爲宋儒經權思想之理論預設，完全忽視宋代經權思想之倫理意涵，未將宋明儒學對於道德實踐活動的反省內容納入討論。因此，其對於歷代儒家經權思想的理解，與其說是其一家之言，不如說是作者個人主觀的歷史唯物主義之意識型態下的產物。

我們可提出反例質疑葛先生之說。事實上，宋代儒者並未如葛先生所言，完全反對漢儒提出的「反經合道」。如朱子便曾云：「伊川謂『權只是經』，意亦如此。但說『經』字太重，若偏了。漢儒『反經合道』之說，卻說得『經、權』兩字分曉。但他說權，遂謂反了經，一向流於變詐，則非矣」（《朱子語類》第 37 卷）。朱子認爲：伊川「權只是經」的主張，並無法顯出「經」、「權」

〔註 11〕葛榮晉：〈經與權〉，收入葛榮晉：《中國哲學範疇導論》，頁 573～587；張立文：〈論經權〉，收入張立文：《中國哲學範疇發展史：人道篇》，頁 709～741。

〔註 12〕參見葛榮晉：《中國哲學範疇導論》，頁 573～587。

在意義上的分別，相較而言，漢儒的「反經合道」之說，反而可對「經」、「權」作出區別。不過，朱子雖同意以「反經合道」來釋「權」，但同時批評漢儒逕自將「權」概念加以扭曲，轉作「權謀」、「權術」，使「權」失去原本因時措之宜而暫違規範的「反經」之意。由此可見，葛先生對宋代儒者之經權觀所提出的嚴厲批評，並未充份照應文本，葛先生一方面以偏概全，以伊川之說涵蓋其他宋儒之經權思想；另方面，又將宋儒之經權思想解讀為保守的反動派思想，而對之進行貶抑，可謂犯了攻擊稻草人的謬誤。

張立文先生在《中國哲學範疇發展史：人道篇》一書中通過常規性與變動性、原則性與靈活性、一般性與特殊性、守常與改革等四組意義，將「經」與「權」理解為在意義上相互對立的哲學範疇，並認為經權範疇可作為「從王霸到理勢，理勢反饋為王霸的中介」。在經權關係與王霸關係的聯結上，以正權作為王道的體現。王道之治有經有權，若無經無權或失經失權，則為霸道。至於經權與理勢的聯結，則通過反經合道為權，合道即合理，來歸結出權中應有「理」。而「勢」若出於因利而制權，而不究其理，則將形成「理」、「勢」之對立。〔註 13〕全書集結殷周至清末有關「經」、「權」意義的重要文獻及觀點，呈現出完整的概念史〔註 14〕考察成果，並在不同的概念範疇組合之間進行對照，有其創發之處。

然而，在對於「經」、「權」概念的詮釋中，張先生偏重將「經」、「權」概念置於政治論域中解讀，對「經」、「權」在儒家倫理學中的意義考察，著墨較少。此外，書中有關「經」、「權」概念之論述，亦有值得商榷之處。如將「經」視為人在社會中所面臨之種種「必然的、不自由的選擇」，而視「權」為人在創造或改造社會歷史上所表現之「主體的能動性」，此種說法頗具疑議。

首先，張先生在其對於「經」、「權」作出的區分中指出，「經」是一種「必然的選擇」。對此，我們可追問：所謂「必然的選擇」，其中的「必然」概念，其意義為何？一般而言，哲學上的「必然性」概念有兩種意義，分別是「邏輯必然性」與「因果必然性」。前者是指在邏輯的眞確演繹架構中，必然成立

〔註 13〕參見張立文：《中國哲學範疇發展史：人道篇》，頁 740～741。

〔註 14〕對於概念史之研究方法，方維規先生認為，概念史的研究主要在考察不同文化中的重要概念及其發展變化，揭示出概念在不同時空地域中生成及運用之特色。除了注重概念的歷史發展外，同時關注概念與歷史社會語境的聯繫。參見方維規：〈概念史研究方法要旨〉，收入黃興濤主編：《新史學》第 3 卷（北京：中華書局，2009 年），頁 3～20。

的命題；而後者是指某事物或事態處於自然世界的因果序列之中，具有經驗發生的必然性。那麼，作爲儒家的「經」，是否具有邏輯的必然性或因果的必然性呢？

承前述，我們可先將儒家的「經」概念區分爲兩層意義，分別是第一義的「經」（即「經義」，以道德爲依歸的價值取向，近於「道」、「義」等觀念）以及第二義的「經」（即「經禮」，是與「權」對舉的「經」，指一般性的、既定的行爲道德規範，近於儒家的「禮」概念）。大致而言，第二義之「經」（「經禮」）的制訂及落實，可表現出行爲的道德取向（第一義之「經」）。

就第一義的「經」來看，即使我們主張人應依道德價值取向而行，道德實踐（moral practice）具有「實踐上的必然性」；但則在此宣稱中，所謂「實踐的必然性」，不過表明道德實踐對於行動者而言，有行爲的「必需性」或「應然性」。此種行爲的「必需性」或「應然性」，並非邏輯演繹論證中必然成立的命題，亦非必然發生的經驗事實（事實上，任何人都可能因爲意志薄弱、缺乏動機、理欲衝突……等因素而不去進行道德實踐）。換言之，所謂的「實踐的必然性」已脫離了原初的哲學用法，而有新的意義用法，其意義指的是行動主體對於自身作出的實踐要求。此種實踐要求反映出行動主體的道德意識，但非必然成立的邏輯命題或經驗事實。

再就第二義的「經」而言，那些成文的、既定的道德行爲規範，亦不具備邏輯必然性或因果必然性。儒家認爲，「禮」會隨著時代環境的變遷，而有所因革損益。〔註 15〕因此，社會中既有的禮法規範，就實踐的可能性而言，既無邏輯的必然性，亦無經驗發生的必然性。綜言之，無論就第一義或第二義的「經」而言，皆不具「必然性」。由此可見，張立文主張儒家的「經」是一種「必然的選擇」，是理據未足且語意不清的說法。〔註 16〕

〔註 15〕《論語・爲政》中有言：「子張問：『十世可知也？』子曰：『殷因於夏禮，所損益可知也；周因於殷禮，所損益，可知也；其或繼周者，雖百世可知也。』」

〔註 16〕在西方倫理學中，對於社會規範是否可因革損益的問題，亦有所論述。例如效益主義者曾針對社會規範的來源提出「總結觀」和「制度觀」兩派論點。「總結觀」主張，社會規範乃是由於人們總結過去經驗而訂出之行動原則，這些行動原則乃是基於過往經驗而對未來行動提供參考。由於人們欲在未來行動中達成與過去行動相類的行爲效應，因而採取和過去相同的行動原則。既然行動原則乃是因應需求而生，對於需求的考量便優先於對遵循原則的考量。就此而言，行動原則並非是一成不變的，而可能隨著時代變遷或特定環境需求，而有被調整的可能。「制度觀」主張社會規範未必全基於過去的行動經驗而生，而此外，張先生認為，「權」表現出行動主體的能動性；相較之下，「經」是人在社會中不得不採取的一種「不自由的選擇」。筆者認為，此乃對於「經」、「權」的一項錯誤的區分。「權」作為行動者因時制宜的行動表現，固然顯示出行動主體的能動性，但並不意謂行動者在遵循「經」時毫無能動性。作為社會規範或道德規範的「經」，提供人們行動上的指引或規範，但行動者是否能遵循此規範而力行不悖，則取決於行動者的意志。道德實踐行動中的意志運作，即是主體的能動性的表現。換言之，行「權」和守「經」皆可表現行動者的能動性。因此，將「主體的能動性」歸為「權」的內涵，藉以區分「經」、「權」，亦非恰當的區分方式。

由上述可知，葛、張二先生對儒家「經」、「權」概念之理解有一共同點，亦即重「權」而抑「經」。這是由於他們將「經」理解為一種封建社會中嵌制人心的集體行為規範，而將「權」視為人能勇於突破規限、從事改革的能力，作為象徵社會進步的指標。兩人皆基於其特定的政治理念，對儒家的「經」、「權」概念做出詮釋。然而，這是在不當預設下做出的概念詮釋，並未充份照應儒家文本，也未正視儒家「經」、「權」概念中強烈的倫理關懷。作為儒家處理道德衝突議題時最主要援引的概念，「權」概念不應僅限於政治層面的解讀，更不應淪為表述政治思想的概念工具。

二、由辯證之觀點看經權關係

綜觀「權」在中國哲學中的意義用法，主要有兩種涵義：一是「通權達變」，二是「權力」。〔註17〕後者為法家所倡議，如《商君書》中提到：「國之所以治者三：一曰法，二曰信，三曰權。法者，君臣之所共操也；信者，君臣之所共立也；權者，君之所獨制也。人主失守，則危；君臣釋法任私，必亂。故立法明分，而不以私害法，則治；權制獨斷於君，則威。」（《商君書．修權》）〔註18〕，即是主張應將國君之權力，作為統治天下的一項必要條件。

可能是人們在行動之先，為了協調彼此的行為，而設計出來的準則，在此意義上，遵循規範便在行動考量上具備優先性。但即使如此，亦不意謂遵守社會規範的要求不容例外。當規範或制度在某些特殊情境中失去其功能時，行動者便可選擇不遵守規範而行。關於「總結觀」和「制度觀」的討論，參見陳特：〈利他的快樂主義——功利主義〉，收入陳特：《倫理學釋論》，頁92～97。

〔註17〕參見韋政通：《中國哲學辭典》（北京：世界圖書出版公司，1993年），頁803。

〔註18〕本文所引《商君書》原文悉以賀凌虛先生之《商君書今註今譯》為據。出版資料請參見文末「徵引書目」。

關於「權」的另一意義面向——「通權達變」，儒、道二家皆有論及，惟談論之脈絡與意義不盡相同。道家主張之「權」，意指一種合乎「道」（自然）的行動表現，如《莊子》中提到：「知道者必達於理，達於理者必明於權，明於權者不以物害己。言察乎安危，寧於禍福，謹於去就，莫之能害也。」（《莊子・秋水》）由於道家主張人的行動應合乎天道（宇宙萬物的自然運行規律），不執著造作，因此「知道者」所明之「權」，亦即一種順應自然的行動方式。在儒家，則將「權」視爲人進行道德實踐時，爲了因應特殊情境，所採取的行動方式。

對於儒家所謂「通權達變」之義，韋政通先生曾提到：

> 通權達變的意義，是對應著「經」或「常」而言的。……理有不可變者，亦有可變者，不可變者爲「經」爲「常」，可變者爲「權」。……權不與經相反，權乃是經在萬殊之事中的運用，所以通權達變的變，與經爲同質之變。因此權又有「反（返）經合道」之義。〔註19〕

此處提出三個論點，一、「經」與「權」對舉。二、「經」爲常理，「權」爲變理。三、「經」、「權」同質。首先，儒家「經」、「權」是一組具有意義互動關係的概念。其次，我們可藉由「運作時機」，在「經」、「權」之間劃出區分，「經」是一般性原則，用於常態性的行動處境；權是特殊性原則，用於特定情境之中。最後，「經」與「權」雖有不同的運作時機，但具有同樣的內涵（「質」），此共同內涵即其道德意涵。因此，我們可通過常、變的事態來區分「經」與「權」，再通過道德意涵的同質性將「經」、「權」統一起來，由此呈現出「經」、「權」概念之辯證。

首先，儒家的「經權辯證」，是對於「經」與「權」之關係意涵不斷進行詮釋之活動。再者，儒家進行「經權辯證」之目的，乃在針對「經」與「權」在道德活動中的意義進行反省，而此反省工作有助於解決道德衝突，爲道德行動提供更多指引。最後，儒家一方面對「經」與「權」進行意義區分，另方面又藉由「道」、「義」等概念的統攝，將「經」、「權」由對立之狀態，提升爲一組以道德實踐爲共同依歸之範疇。〔註20〕

由上節中之討論可知，由常、變來談經、權的分別，此乃就行動情境或運作時機而言。然而，經、權的分別並不是絕對的，朱子強調「權與經須有

〔註19〕韋政通：《中國哲學辭典》，頁803。

〔註20〕龐樸曾針對儒家思想中許多既對立又統一的概念加以研究，闡述這些概念之間的關係。參見龐樸：《儒家辯證法研究》（北京：中華書局，1984年）。

異處。雖有異，而權實不離乎經也」（《朱子語類》第 37 卷），針對「經」、「權」相即不離的關係，朱子主張以「道」來統貫「經」、「權」，朱子說：

> 經者，道之常也；權者，道之變也。道是箇統體，貫乎經與權。（《朱子語類》第 37 卷）

朱子以道統貫經權，並謂道是「事物當然之理」（《朱子語類》第 26 卷）。道的落實狀態可分爲「道之常」和「道之變」，經屬前者，權屬後者，經、權皆以道爲依歸。此處，作爲「道之常」的經，其實是前述所言第二義的經，亦即一般性的成文禮制；而「道」則被用來替代第一義的經，亦即根本的道德原則。以道統貫經權，所謂「統貫」，乃就意義內涵而言，亦即：找出兩個概念所具有的相同的意義內涵，以此表明其意義的一致性。經、權共有的意義內涵在於兩者皆具道德意義。經是一般性的道德原則，而權則是「因時制宜」的道德原則。

此外，朱子又云「義可以總括得經、權」（《朱子語類》第 37 卷）。「總括」，則是就意義範圍而言，亦即，將可隸屬於某種意義之下的概念皆納入同一意義範圍。由於「義」突顯的意義是「宜」，因此，當以「義」來總括經權時，其用意在強調無論「守經」或「反經」皆是爲使行動「合宜」。《中庸》提到「義者宜也」。朱子則云：「蓋緣本來道理只有一箇仁義，更無別物事。義是事事合宜。」又云：「蓋物之宜雖在外，而所以處之使得其宜者，則在內也。」（《朱子語類》第 51 卷）。可見，朱子認爲事物的當然之理和人性的本然之理相通。是故，所謂行動之「合宜」，即指合於事物及人性中的當然之理。

《論語》中有言：「君子義以爲質」（〈衛靈公〉）、「君子喻於義」（〈里仁〉）、「君子之於天下也，無適也，無莫也，義之與比」（〈里仁〉）、「可與共學，未可與適道；可與適道，未可與立；可與立，未可與權」（〈子罕〉），配合〈中庸〉所言「義者宜也」之說，「義」展現爲在具體道德實踐情境中的是非決斷能力。對於儒家的「義」概念，柯雄文指出，「義」可以解釋成在具體情境中運用理智決定如何行事而形成之判斷。儒家在道德衝突情境中訴諸於「權」，並不是爲行爲規範建立特例，而是要以「義」來應變緊急的狀況。「禮」（「經禮」）作爲行爲的形式規定，並不足以涵蓋人生中所有情況，處理倫理疑難的應該是「義」。義是對於當下應爲之事的決定性判斷及果斷行事的勇氣。由儒家對於「義」的強調可見，儒家是講究通權達變的倫理學。〔註 21〕賴蘊慧先

〔註 21〕參見柯雄文：〈儒家倫理思想的概念架構〉，頁 151～155。

生亦提到，近年來許多儒家學者將注意力轉向《論語》中的『義』(適宜)。「義」在儒學中的道德推理和實踐活動中具有重要意義，因爲它反映出儒家關注倫理的適宜性，而非規範性。亦即，儒家強調的是在特定情境中進行適當的行動，而非一味遵循規則或規範。相較於近代西方倫理學中強調道德之概念法則的思考脈絡，儒家哲學更重視相際的社會情境，更關切的是具體的倫理實踐。〔註22〕

至於朱子高足陳淳，則試圖通過「中」、「時中」的概念，來統攝經權關係，他提到：

> 權，只是時措之宜。「君子而時中」，時中便是權。天地之常經是經，古今之通義是權。……知中然后能權，由權然后得中。中者，理所當然而無過不及者也。權者，所以度事理而取其當然，無過不及者也。(《北溪字義．卷下》)〔註23〕

「時中」之概念出自〈中庸〉，當中有言：「君子之中庸也，君子而時中。」所謂「時中」，即是因應具體的時空情境，所達致之合宜的行動表現。而行動的合宜性，表現於無過亦無不及。此有賴於行動者發揮審度事理之能力，針對行動情境中所涉及之人事因素一一加以考量。即使在遭遇道德衝突或兩難情境，必須權宜變通行事時，亦盡力照應不同道德層面之要求，此乃儒家對於有德君子之期許。

歸言之，從辯證的觀點來看儒家的經權關係。首先，我們可一方面通過「經」、「權」之運作時機，對於「經」、「權」概念作出「常」、「變」的意義分別。由於「變」是對於「常」的否定，在此區別脈絡之中，「權」爲「反經」，「經」、「權」之間有所對立。然而，這種對立和分別，在進一步反省到「權」之所以要「反經」，其目的是爲了實踐道德後，「權」之「反經」的否定性意涵被轉化爲一種肯定性的意涵；亦即，「權」雖「反經」，但仍可被視爲「經」的表現。總之，「權」的「反經」意涵，使「權」和「經」有所分別，然而，通過辯證的思考方式，我們可將「權」和「經」的分別再度統一起來。

就實踐層面而言，在儒家思想中，「經」、「權」確實是關乎道德實踐活動

〔註22〕參見賴蘊慧（Karyn L. Lai）著，劉梁劍譯：《中國哲學導論》（*An Introduction to Chinese Philosophy*），頁31。

〔註23〕本文所引《北溪字義》原文悉以《文淵閣四庫全書》藏本爲據。出版資料請參見文末「徵引書目」。

的一組概念。「經」，強調道德活動之規範性；「權」，則代表對於道德規範之適用性及道德行動方式之裁量。由遵守規範到反思規範，進而決定採取另一種合乎道德要求的行動方式，可視爲「經」、「權」由對立到統一的過程。「經」、「權」的對立，產生於道德衝突的行動情境之中。當行動者面臨道德衝突時，會發現經常性的道德規範（「經」）彼此對反或無法同時實行，因而必須另謀解決之道，此時便需濟之以「權」，決定在當前處境中最合宜的行動方式。雖然「權」在形式（行動方式）上或有悖於「經」，但在內容（道德內涵）上卻合乎「經」義，亦即和「經」相同皆有追求道德實踐之目的，就此而言，「經」、「權」的對立，可通過道德之目的來達成統一，此乃「經」與「權」在實踐上呈現之辯證關係。

第三節 「經權辯證」之倫理意涵

在道德實踐過程中，爲了因應道德情境中具體的人、事、物的變化，道德行動也必須有所變化，而在道德行動的變化和調整中，又反映出人的道德能力的提升和發展，就此而言，「權」是「經之所不及」。這並非意在突顯「權」和「經」的比較或對立關係，而毋寧是指：若我們將「經」視爲常道、常理，是道德實踐的根本原則時，這種道德根本原則不是僵化的形式，不能被框限在既定的內容之中。因爲，道德原則是用來引導人進行道德實踐的，而道德實踐又必須落實在具體的行動情境之中，因此，「經」作爲一種道德原則，其內涵是可以有所發展變化的，而「權」便在表明「經」之可發展性。

儒家一方面通「常」、變來區別「經」、「權」，另方面又看到「經」、「權」在對立之中的統一關係，從而提出「道」、「義」、「時中」等概念來統貫或總括「經」、「權」。其實，在筆者看來，這些提法未必是需要的。我們只消指明：「經」作爲一種道德根本原則，不能是掛空的原則，而必須在具體情境中被實踐。一方面，「經」可表現爲一般性、成文化的道德行爲規範，亦即「禮制」；然而，另方面，由於行動情境有所變化，「禮制」不能一成不變；於是，在特殊的狀況下，作爲「禮制」的「經」受到反省而面臨變化，這是「經」作爲常理、常道時，所不可忽視的創造性內涵。「經」的這種創造性內涵，必須通過調整「禮制」而行「權」來加以展現。蓋「權」雖「違禮」、「反經」，但卻能掘發出「經」的更豐富和深層的意義，使「經」不僅能守常，亦能應變。

就此而言，「權」之「反經」，是在否定中帶有肯定，肯定了「經」作爲一種具體而普遍的道德原則，可以對人的道德行動產生指引的作用。要之，通過行「權」，可以將「經」的意義以一種辯證的形式開展出來，而「經」、「權」之間即表現爲相即不離、在否定對立中涵蘊肯定、統一之關係。〔註 24〕

儒家的經權觀不僅反映出「經」、「權」兩個概念的辯證關係，就經典詮釋活動而言，宋明儒者間相迭而起的對於「經」、「權」之詮釋方式就是一種辯證的活動表現。不同於伊川在提出「權即是經」的主張後，就將其視爲定見和確解，朱子及其後諸儒不斷地思考經、權兩個概念的意義與其間的互動關係。一方面，要爲不同的概念作出分別，另方面，又通過對於經、權概念各個意義面向的展示，將兩個概念相即不離的關係表現出來。

在對於「經」、「權」的詮釋活動中，儒家始終有一致的基本立場，亦即對於「經」、「權」的詮釋目的並不在得到一絕對之定見，而是在引導人走向道德實踐之路。因此，當不同的詮釋模式之間產生對立時，根本之道，是回歸儒家作爲成德之學的根本旨趣，思考何種詮釋方式較能有效引導人們進行道德實踐。

就此而言，即使在對於經權關係的表述上，不同儒者各有側重，抑或容有置疑之處，但至低限度，他們可在詮釋之目的上達成共識。有見於此，當我們在檢視儒家之經權辯證時，一方面可針對諸說法的論辯理據及解釋強度，對之進行批判，或通過釐清概念或區分意義層次的方式，消解諸多詮釋可能出現之對立或衝突；然而，另方面，我們批判的目的，並非在尋找一絕對客觀或正確的對於關於儒家經權論述之詮釋模式，而毋寧是藉此反映儒家如何在經權辯證的進程中，對於道德衝突問題作深入的思考，並展現儒學在道德實踐上的具體性與引導性。誠如狄百瑞先生所言，對中國人而言，對概

〔註 24〕劉述先先生曾提到，朱子哲學則有一特出顯明的思想型態，他認爲，我們可通過朱子哲學中理氣二元不離不雜的模式來掌握其主要思想架構，有關太極、陰陽、道器、體用、天人的探討，都可以置放在此一模式之中來進行。所謂理氣二元不離不雜，是說理的內涵的規定，必須通過氣而具體現實化爲萬物。易言之，理氣有即用顯體之關係。參見劉述先：《朱子哲學思想的發展與完成》（臺北：臺灣學生書局，1995 年），頁 346～347。劉述先先生所列舉的朱子哲學中的重要討論範疇中並未提及經、權概念，但筆者以爲，朱子之經權觀也可以通過這樣的方式來理解。朱子一方面主張經、權有別，另方面強調權不離經。權的「時措之宜」表現了經的具體作用，就此而言，「經」與「權」亦可說有不離不雜、即用顯體之關係。

念作正確的定義和分析並不是重點，重要的是擴充這些概念的意義到最大的可能性。〔註 25〕韋政通先生則指出，儒家之經權理論並不是一套概念的遊戲，它必須對道德實踐起指導的作用，對特殊境遇中遭到的道德難題的解決，提供實際有效的方法。〔註 26〕筆者以爲，上述說法，正可引爲儒家經權辯證最終之意義註腳。

〔註 25〕參見 William Theodore de Bary（eds）, *Self and Society in Ming Thought*（New York: Columbia University Press, 1970）, p.v.

〔註 26〕參見韋政通：〈朱熹論「經」、「權」——朱子倫理思想新義的發掘〉，收入韋政通：《儒家與現代中國》，頁 93。

第三章　道德衝突之事例展示與理據分析

男女授受不親，禮也。嫂溺援之以手者，權也。

——《孟子．離婁上》

父爲子隱，子爲父隱，直在其中矣。

——《論語．子路》

第一節　何謂「道德衝突」

儒家除了在經權論辯中呈現其對於「道德衝突」議題的思維方式外，還運用了許多歷史事例或假設的行動情境來回應道德實踐中經常面臨的道德衝突問題，此即所謂「即事以言理」〔註1〕。在本章中，筆者將列舉儒家經典中關於道德衝突之事例，依照道德衝突之不同形態，進行分類說明；從中分析儒家在面臨道德衝突時，可能採取的幾項行動理據。

在我們探討儒家經典中的道德衝突事例，並對之進行分類前，我們有必要指出分類的依據爲何，這涉及我們對於「道德衝突」(moral conflict) 意義之把握。我們首先要釐清，究竟何謂「道德衝突」？

一、「道德衝突」之一般性用法

就一般性的用法而言，人們通常將「道德衝突」理解爲：我們基於道德

〔註1〕針對儒家這種「即事以言理」的性格，柯雄文先生曾提到，儒者經常使用省略三段論證和以實例爲基礎的論證來表達儒家的倫理思想。參見柯雄文：〈儒家倫理思想的概念架構〉，頁144。

上的理由，認爲我們應該做某些事，但在一些時候，我們面臨到這些應做之事同時出現的行動情境，並發現我們無法同時做這些事，於是我們認爲自己在行動中面臨了衝突。

例如，有位醫生答應了晚上與朋友一起團聚吃飯，但臨時接到醫院通知他，他所負責的病人遭遇危急狀況，必須馬上趕赴醫院處理。此時，他必須在和朋友吃飯與醫治病人之間做出選擇。一般人會認爲，在此情境中，醫生要做出判斷似乎不難。醫生應選擇趕赴醫院診治病人，而非和朋友聚會吃飯；即使醫生在內心中可能多少對他的朋友感到抱歉，但不致影響他的決定。換言之，雖然「救人」和「守諾」皆是道德上應做的事，然而在只能擇此棄彼的情況下，選擇以「救人」爲優先，是一般人皆會認可的抉擇。

在上例中，雖然行動者（agent）在行動處境裡面臨了某種衝突，但道德選擇的方向是明確的。相較於此，在某些處境中，我們可能面臨難以做出明確抉擇的狀況。例如，當國難當前，忠孝難以兩全時，該盡忠或是盡孝，曾是許多歷史人物面對的道德難題。又如，在突如其來的一場重大災難中，有許多傷患緊急等待救援，此時，究竟應優先救出何者，也考驗著救難人員的實踐智慧。

姑且不計「道德衝突」問題之難易程度，可以說，一般人對於「道德衝突」概念之內涵和用法的認識是模糊不清的。大致而言，我們會將在兩個以上的應然行動之間舉棋不定的行動處境一概稱之爲「道德衝突」；然而，若要使「道德衝突」進入哲學性的討論之中，則我們必須對「道德衝突」作出更明確的定義。

二、「道德衝突」之描述性定義（descriptive definition）

首先，在對「道德衝突」作出定義前，我們必須運用到一些概念工具，它們分別是：「道德原則」（moral principle）、「凌駕」（override）、「責任」（duty）、「相容」（compatible）或「不相容」（incompatible）。所謂的「道德原則」，是當我們的行動涉及他人時，所採取的行動「理據」（reason／justification）〔註2〕。

〔註2〕 梁家榮先生曾區辨「基礎」、「原則」和「理據」三概念。他提到，三者有時可互通，但有時不完全同義。以建屋爲例，地基是屋宇之「基礎」、建屋是設地基之「理據」，建屋圖則是建屋之「原則」。一般而言，「基礎」含義較廣泛，有時包含「原則」和「理據」之意涵。相對而言，「原則」和「理據」含義較

在不同的道德理論中，道德原則被有系統地整合起來，做爲構成理論的前提，而這些道德原則可能最終由其所屬理論中一個最爲根本的道德原則所推衍出來，如：效益主義中的效益原則（principle of utility）、義務論者之「定言令式」（categorical imperative）、儒家所提的仁心、休謨所言的道德情感……等。

在不同的情境中，道德選擇的難易程度各有不同，而道德選擇之難易度牽涉到行動者能否在具體情境中，對於行動中所涉及的道德原則和各項因素加以衡量判斷。在醫生的例子中，當「救人」的道德原則與「守諾」的道德原則相衝突時，一般人傾向於將「救人」的道德原則「凌駕」（override）於「守諾」的道德原則，認爲醫生當以救人爲優先。所謂「凌駕」，即指具備道德實踐上的優先性。

要注意的是，道德實踐的優先性並不完全等同於道德價值的優先性，因爲，不同道德原則之間的價值區分，並非絕對客觀。在上述關於醫生的例子中，我們之所以認爲「救人」的道德原則「凌駕」（override）於「守諾」的道德原則，一方面固然基於對生命價值之重視，另方面也取決於在行動情境中所作出的實際裁量。例如，在前述關於醫生的例子中，救人的時效性明顯大過赴宴，聚會不成仍可重新補辦，生命一旦失去則無法挽回。易言之，我們並非主張生命的價值絕對高於誠信的價值，而是因爲在該例中，信諾之事較爲一般，我們亦可通過權宜變通的方式（如：擇期與朋友再度聚首），輾轉實現信諾之目的，於是，我們做出救人的行動決定。由此可見，道德衝突情境中所出現原則之間的「凌駕」，並非僅僅取決於道德價值之間的比較，而是對於行動情境中的各項因素進行綜合判斷之結果。

然而，在許多事例中，道德原則之間的凌駕程度並不明顯。例如：歷史上曾出現許多忠孝難兩全的例子，在這些事例中，由於「忠」與「孝」皆是傳統儒家所推崇的主要德行，但若僅能擇一而取，則行動者應當如何選取便是考驗。或謂「移孝作忠」亦是孝的另一表現形態，因此應以盡忠爲優先；然而，如此將「忠」涵攝於「孝」之觀點，未必爲人們所接受。在許多儒家經典中，「大義滅親」並非定則；相反，「親親相隱」卻時有所聞；然而，在此類道德衝突情境中所突顯之重孝主張，於古今討論中又引發不少爭議。

窄，「原則」多指理論之前提，而「理據」則指理論上或行事上之理由。參見梁家榮：《仁禮之辨——孔子之道的再釋與重估》（北京：新華書店，2010年），頁35。

當代倫理學者赫爾（Richard Hare）曾指出，「道德衝突」是指行動者面臨到一種道德責任之間相互衝突的處境。所謂的「責任」（duty），是指行動者在道德上被指令的應然行動。至於此道德指令如何給出，則不同的道德理論者有不同的說明方式。義務論者認為人應遵守普遍的道德律——「定言令式」（categorical imperative）——來行動，而「定言令式」乃是理性的存在者普遍具有的一種自律要求。效益論者則以「效益原則」（principle of utility）作為道德判斷的依據，而效益原則出自人類趨樂避苦、追求幸福之共同傾向。至於儒家，則以普遍內在於人的「仁心」或「不忍人之心」作為道德之根源或動力。

赫爾進一步指出：在某一特定處境之中，行動者認為自己既應該履行 A 責任，也應該履行 B 責任；然而，他卻無法同法履行兩者，此時，行動者即面臨了「道德衝突」。〔註 3〕簡單來說，「道德衝突」是指道德責任之間的「不相容」（incompatible）。要注意的是，這種「不相容」並非道德責任在本質上的不相容，而是由於行動處境之特定性所產生的限制，令到行動者在履行這些道德責任時，在行動實踐上產生的「不相容」。這種由行動處境所導致的道德責任之間的「不相容」，又引申出兩個問題：其一是道德衝突對於行動者的心理衝擊問題，其一是道德衝突能否解決的問題。

在某些倫理學者的眼中，上述兩個問題是相互牽連的，他們因此主張：道德衝突難以解決。因為，道德責任之間的不相容，使得行動者無論採取何種行動，「無法履行其它責任」這件事，勢必對其造成一些心理負擔或負面情緒（如：遺憾 regret）；就此而言，我們似乎無法有效解決道德衝突。然而，有論者對此抱持反對意見，他們認為：我們應該致力於「以原則或價值為中心」的解題方式，而不應陷入以「行動者為中心」的解題迷思。不過，這種解題方式亦有其困難所在。此困難主要原於價值的多元性和不可化約性，導致價值的「可凌駕性」受到質疑，從而使得「以原則或價值為中心」的解題方式亦陷入爭論之中。〔註 4〕

這裡要指出的是，無論我們如何區分道德衝突問題的難易度，「問題的可解決性」與「問題的構成」畢竟屬於不同層次之論題；因此，本文在處理「道

〔註 3〕參見 R. M. Hare 著，黃慧英、方子華譯：《道德思維》，頁 34。另參見黃慧英：《儒家倫理：體與用》，頁 35。

〔註 4〕相關的討論參見李曉雲：《道德兩難的解題困難與迷思》（中壢：國立中央大學碩士論文，2009 年），頁 113～140。

德衝突」問題時，並不因問題的難易程度來肯認或取消「道德衝突」。為照應學術研究脈絡，本文大致不偏離學界對於「道德衝突」之描述性定義，而將「道德衝突」視為行動者在某一特定行動處境中所面臨的「道德責任」之間的「不相容」。然而，由於本文目的在從儒家觀點探討「道德衝突」，因此有必要先釐清儒家「道德責任」之主要面向，以便進一步區分在儒家經典中所存在的「道德衝突」形態，從而探討儒家在這些「道德衝突」中形態所採取之思考與解決方式。

第二節　儒家道德責任之主要面向

一、以「仁」作為道德責任之根據

對於規範倫理學理論而言，所謂「道德責任」，即是行動者在遵循該理論所主張之道德原則時，所必須採取的應然行動。例如：義務論者主張我們應出於對道德律則的尊敬而行動。康德基於道德之「定言令式」將「道德責任」區分為「完全責任」與「不完全責任」。「完全責任」是指那些出自普遍法則的行動，如：誠實不欺；「不完全責任」則是指那些雖不必出於普遍法則，但能通過自我意欲的行動，如：幫助他人。

效益主義者則主張，我們應盡力促進大多數人的最大利益，此乃基於其信守之「效益原則」。除了追求效益之最大化，效益主義者亦有一種特殊的責任觀點，認為那些並非來自我們直接行動，但是間接牽涉到我們行動的事態結果，皆屬於我們的責任範圍，因而賦予行動者「消極責任」（negative responsibility），要求行動主體必須為他所允許發生或未阻止其發生的事態結果負責。〔註 5〕相較於規範倫理學理論中所主張的「道德責任」，皆出自其所認同之「道德原則」。對於儒家而言，「道德責任」從何而來？

首先，儒家並不將道德之基礎建立在某種可普遍化的、成文的道德原則之上。孔子雖有言「己所不欲，勿施於人」（《論語．衛靈公》），但此可「終身行之」的格律，究其根源，亦是出於仁心的要求。〔註6〕究言之，儒家以「仁

〔註 5〕參見 J. J. C. Smart & Bernard Williams, *Utilitarianism: For and Against*（Cambridge: Cambridge University Press, 1973）, pp. 109～110.

〔註 6〕參見杜維明：《儒家思想——以創造轉化為自我認同》，頁 85～99。

心」作爲道德之來源或基礎，以內心是否不安不忍來檢驗行動之對錯，並由仁心來定出道德責任。〔註7〕前者是在道德行動中反省行爲者之動機或存心，觀其行之所由，以評斷其行是否合乎道德；後者則是依據仁心之所向，對於「我應該做什麼」做出裁定。準此，我們可試圖通過「仁」的觀念，了解儒家道德責任之表現面向。

「仁」在《論語》中出現109次，有描述「仁」者之內心狀態者，如：「仁者不憂」(〈子罕〉)；有描寫「仁」者的外顯形態者，如：「剛毅木訥，近仁」(〈子路〉)、「仁者靜」(〈雍也〉)；有說明「仁」者之處世原則者，如：「恭、寬、信、敏、惠」(〈陽貨〉)、「入則孝，出則悌，謹而信，汎愛眾」(〈學而〉)、「居處恭，執事敬，與人忠」(〈子路〉)、「己欲立而立人，己欲達而達人」(〈雍也〉)、「無求生以害仁，有殺身以成仁」(〈衛靈公〉)；有說明「仁」者之修養方式者，如：「克己復禮」(〈顏淵〉)、「博學而篤志，切問而近思」(〈子張〉)等，我們可從中看出儒家對於「仁」的重視。

然而，由於「仁」在《論語》中出現時，有作爲「總體德性」(「全德」)與「特殊德性」兩種用法，兩種用法相迭出現，而孔子對於「仁」的說明又多以對話體或指點語的方式表現；因此，我們難以對「仁」作出明確的定義。有見於此，杜維明先生便以「《論語》中一個充滿活力的隱喻」來看待「仁」概念。〔註8〕余紀元先生則認爲，在《論語》中作爲「全德」的「仁」概念，包含許多重要的意義面向，如：「仁」(作爲「特殊德性」之「仁」)、「禮」、「義」等。許多學者在討論「仁」概念時，由於對孔學的根本內涵之理解有異，分別選取了不同的概念作爲思想核心，來詮釋孔子的「仁」，以致形成片面的詮釋，無法展示出「仁」的完整意義。〔註9〕然而，筆者以爲儘管「仁」的意涵難以被明確定義，我們依然可試圖藉由儒家文獻中諸多論「仁」之語，了解儒家道德責任之主要面向。

〔註7〕眾所皆知的例子是《論語・陽貨》中孔子和宰我有關「三年之喪」的對話。孔子藉由反問宰我對於改易三年之喪是否感到不安，來審視宰我之道德存心，並因宰我自泯愛親之心，而批評宰我不仁。此外，《孟子・梁惠王》中亦提到，齊宣王對將被用來釁鐘而觳觫之牛感到不忍，而以羊易之。孟子以此提點齊宣王，可從中證立一己之仁心，而推之於國政。

〔註8〕參見杜維明：《儒家思想——以創造轉化爲自我認同》，頁85～99。

〔註9〕參見余紀元（Jiyuan Yu）著，林航譯：《德性之鏡：孔子與亞里士多德的倫理學》（*The Ethics of Confucius and Aristotle: Mirrors of Virtue*）（北京：中國人民大學出版社，2009年），頁150～153。

二、道德責任之兩大面向

（一）維繫人倫

有子曰：「其爲人也孝弟而好犯上者，鮮矣！不好犯上，而好作亂者，未之有也。君子務本，本立而道生。孝弟也者，其爲仁之本與！」（《論語・學而》）

子曰：「弟子入則孝，出則悌，謹而信，汎愛眾，而親仁，行有餘力，則以學文。」（《論語・學而》）

宰我問：「三年之喪，期已久矣。君子三年不爲禮，禮必壞；三年不爲樂，樂必崩。舊穀既沒，新穀既升，鑽燧改火，期可已矣。」子曰：「食夫稻，衣夫錦，於女安乎？」曰：「安。」「女安則爲之！夫君子之居喪，食旨不甘，聞樂不樂，居處不安，故不爲也。今女安，則爲之！」宰我出。子曰：「予之不仁也！子生三年，然後免於父母之懷。夫三年之喪，天下之通喪也。予也有三年之愛於其父母乎？」（《論語・陽貨》）

首先，儒家強調，孝悌乃「爲仁之本」。所謂「爲仁之本」，非指孝悌作爲仁之根本，而是指孝弟乃是踐仁之起點。蓋人一出生便處在家庭之中，家庭關係是人在跨出自身之外所首先面對最切近的人倫關係。因此，儒家將家庭中的倫常關係視爲「仁」之最原初的發端及磨練處。宰予以維繫禮樂制度爲藉口，欲改易三年之喪，實則無感於至親過世之悲，孔子以此批評宰予不仁。由此可見，儒家對於孝行之要求，是建立在對於仁心之反省上。

徐復觀先生曾針對「孝」的觀念在儒學史中的發展進行考察。他提到，「孝」的觀念首見於《尚書・康誥》的「矧惟不孝不友」一語，至《詩經》中的《大雅》、《小雅》及《周頌》，其地位更爲明顯。由於周朝乃是通過宗法制度，鞏固內部的秩序與團結，因此對於「孝」的要求遂行重要，其時諸多道德觀念與制度，亦以「孝」爲核心而展開。可見，「孝」原是爲了適應宗法制度下的政治人文環境而作出的規範。孔子承述周代傳統的「孝」，但使其意義發生根本的變化，以「孝」作爲對於「仁」初步的自覺與實踐。〔註 10〕鄭宗義先生則由儒學之觀點提出孝道之五項理據，分別是：一、本能情感的——「孝」

〔註 10〕參見徐復觀：《中國思想史論集》（上海：上海書店，2004 年），頁 134～135。

出於孩童之愛親本能；二、道德情感的——「孝」出於子女對父母的感激之情；三、存有論的——「孝」作爲踐「仁」之本；四、形而上宗教的——事親如事天；五、社會政治的——孝道有助於強化家庭倫理、營造和諧社群。〔註11〕由上可知，「孝」不但在人性中具有道德心理學基礎，又能在倫理實踐及社會運作中展現一定的規範力量。因此，儒家將「孝」視爲人主要的道德責任之一。

有別於墨家違反人之常情的兼愛、薄葬之說，或是「愛無差等，施由親始」（《孟子・滕文公上》）這樣「二本」、不一致之見，儒家認爲愛應涉及差等。關於儒家愛有差等的主張，歷來曾發不少爭論。如張錦青先生曾質疑，儒家「以不必涉及差等的惻隱之心爲仁之端」與「仁者之愛必涉差等」兩種立場是相牴觸的。〔註12〕對此，黃勇先生的觀點或可回應之。他認爲，儒家反對愛無差等觀，主張愛有差等觀，並非是說對於不同的人應有不同程度（就量而言）的愛；而是強調在推擴仁心的過程中，對於不同的對象應有不同「種類」（就質而言）的愛。換言之，孟子有言「君子之於物也，愛之而弗仁；於民也，仁之而弗親。親親而仁民，仁民而愛物」（《孟子・盡心上》），其中的「愛」、「仁」、「親」並非意指同一種愛的不同程度，而是指道德心針對不同對象所表現出的三種不同內容的愛。〔註13〕

除了家庭倫理之外，儒家進一步主張，我們應由對於親人的自然情感出發，由近及遠、推己及人，將在一己與親人之間不安、不忍之心（仁心）擴充出去，遍及於與自身不具親緣的他人與他物之中：

> 仁者，以其所愛及其所不愛；不仁者，以其所不愛及其所愛。（《孟子・盡心下》）

〔註11〕參見鄭宗義：《儒學、哲學與現代世界》，頁290～299。

〔註12〕參見張錦青：〈「孟子」的仁觀及其困難〉，《人文中國學報》第6期（1999年4月），頁115～129。

〔註13〕參見黃勇：〈儒家仁愛觀與全球倫理：兼論基督教對儒家的批評〉，收入郭齊勇主編：《儒家倫理爭鳴集——以「親親互隱」爲中心》，頁802～804。黃勇先生並認爲，「對象的獨特性」和「眞情實感」決定了儒家「愛有差等」的倫理思考和行動方式。因此，在「己所不欲，勿施於人」之外，儒家的仁愛觀理應涵蘊「人所欲，施於人」、「人所不欲，勿施於人」的行動原則（他稱之爲「銅律」）。參見黃勇：《全球化時代的倫理》（臺北：國立臺灣大學出版中心，2011年），頁106。另參見黃勇：〈儒家仁愛觀與全球倫理：兼論基督教對儒家的批評〉，收入黃俊傑編：《傳統中華文化與現代價值的激盪與調融（一）》（臺北：喜瑪拉雅研究發展基金會，2002年）。

> 人皆有所不忍，達之於其所忍，仁也；人皆有所不爲，達之於其所爲，義也。(《孟子．盡心下》)
>
> 君子之於物也，愛之而弗仁；於民也，仁之而弗親。親親而仁民，仁民而愛物。(《孟子．盡心上》)
>
> 道在邇，而求諸遠；事在易，而求諸難。人人親其親、長其長，而天下平。(《孟子．離婁上》)
>
> 老吾老以及人之老，幼吾幼以及人之幼。(《孟子．梁惠王上》)
>
> 人之所不學而能者，其良能也。所不慮而知者，其良知也。孩提之童，無不知愛其親者，及其長也，無不知敬其兄也。親親，仁也。敬長，義也。無他，達之天下也。(《孟子．盡心上》)
>
> 子貢曰：「如有博施於民而能濟眾，何如？可謂仁乎？」子曰：「何事於仁，必也聖乎！堯、舜其猶病諸！夫仁者，己欲立而立人，己欲達而達人。能近取譬，可謂仁之方也已。」(《論語．雍也》)

孟子「能近取譬」之說，表明了儒家認爲家庭關係網絡中之自然情感運作，對於人們的道德學習具有輔助作用。儒家雖肯定仁心遍在於人之中，但也強調行動者必須通過不間斷的道德實踐歷程使仁心得以被存養、開發，而磨鍊仁心的場域，小至家庭，大到社會國家、宇宙天地之間。就此而言，「仁」不僅是一種內在於人的道德意識，同時是可與外界相「感通」之能力。所謂「感通」，即是一種人在遇事接物中所升起的道德感受。此道德感受共通於人我之間，且是一種能由自我不斷向外推擴的道德意識和動力。

以「感通」釋「仁」其來有自。「感通」一詞原自《易．繫辭上》所言：「《易》無思也，無爲也，寂然不動，感而遂通天下之故」。「無思」，意即不作分解思考；「無爲」，則強調無目的性及無條件性。朱子在其弟子趙致道（字師夏）問及感通之義時答曰：「感，是事來感我；通，是自家受他感處之意」（《朱子語類》第 72 卷），由此可知，仁心之「體」物或與外在人事物相「感通」，是一種不夾雜私欲或成見、深具開放性及容受性的心靈狀態。〔註 14〕

由上可知，對儒家而言，「仁」作爲一種感通能力，具有人倫關係之價值取向。與西方規範倫理學由根本的道德原則推衍出道德責任不同，儒家對於

〔註 14〕要注意的是，儒家的「感通」與道家的「虛靜」工夫是有所分別的。略言之，儒家的「感通」是開啓道德關懷與實踐智慧，而道家的「虛靜」則指向觀照自然下的理境展現。

道德責任的認定，主要落在對於社會倫常關係脈絡的關注之中。孟子有云：「聖人，人倫之至也」(《孟子‧離婁上》)，以能善盡人倫者爲道德人格之典範（「聖人」)，正顯示出儒家將人倫關係與道德實踐視爲密不可分之觀點。

（二）參贊天道

儒家之「仁」，除了人倫關係的考量，亦包含形上學的意義向度。孟子說：「盡其心者，知其性也。知其性，則知天矣。存其心，養其性，所以事天也。殀壽不貳，修身以俟之，所以立命也。」(《孟子‧盡心上》) 意在強調人可經由仁心之發用、工夫之實踐，體會天道，進而參贊天道。〈中庸〉則云：

> 誠者，天之道也；誠之者，人之道也。……誠者自成也，而道自道也。誠者物之終始，不誠無物。是故君子誠之爲貴。誠者非自成己而已也，所以成物也。成己，仁也；成物，知也。性之德也，合外內之道也，故時措之宜也。

當中顯示，天道乃是存在於宇宙萬物之間於穆不已的生生之理；人道與天道相合，人的道德歸準在於本心的眞實無僞，此即「誠之者，人之道也」之義。然而，人的道德實踐不限於成就自己，亦在成就外界事物。「成己」，是內聖之學，以「仁」爲本；「成物」，則是外王之功，須配以處世之智。道德實踐落實於人倫庶物之中，其實踐過程涉及自己與外界事物，而其「德用」亦及於自己與他人，此乃「合內外之道」之精神所在。〔註 15〕

無論是《孟子》的「盡心知性知天」之說，或是〈中庸〉中「誠之」的概念，皆表明道德行動之理（人道）與宇宙萬物運行之理（天道）有相通之處。對此，牟宗三先生強調，「仁以感通爲性，以潤物爲用」。仁心可感通無外，層層推擴出去，由自我生命通至他人生命、民族生命，甚至和宇宙天地相感無隔。〔註 16〕至於天道的內涵爲何？在儒家看來，天地化育萬物，乃是一生生之道；而人應擴充其內在潛具之仁心善性，參贊天道，在其行動中展現如天道所蘊涵之生理或創造性。橫渠在〈西銘〉中有言：

〔註 15〕余紀元先生曾比較儒家與亞里士多德倫理學，提到儒家的「誠」與亞氏的「思辨」皆將人性與宇宙整體聯繫在一起。「誠」是天人之統一，而「思辨」則是神人之統一。參見余紀元（Jiyuan Yu）著，林航譯：《德性之鏡：孔子與亞里士多德的倫理學》（*The Ethics of Confucius and Aristotle: Mirrors of Virtue*），頁 285～288。

〔註 16〕參見牟宗三：《中國哲學的特質》（臺北：臺灣學生書局，1994 年），頁 44。

乾稱父，坤稱母；予茲藐焉，乃混然中處。故天地之塞，吾其體；天地之帥，吾其性。民，吾同胞；物，吾與也。（《正蒙‧乾稱》）

「乾」、「坤」概念出於《易經》，分別象徵天、地。前者表示在宇宙萬物之中生生不息、變化無窮的創造性，亦即「天道」（「生生之道」）；後者則表示天地萬物的物質性或構造性。〈西銘〉中以乾、坤作爲宇宙萬物的父母，意在表示宇宙萬物由天道所創生，易言之，天道是萬物的根源。然而，此天道並非一抽象的、超越的形上原理，而能爲人所稟受，成爲人之內在的道德性。〔註17〕依此，儒家主張人應參贊天道，在具體的道德行動中，實現道德的創造性，以與天道生生化育之理相契。

正如同天道的創造性能普遍作用於宇宙萬物一般，人性所發動的道德感受及能力，亦能落實於萬事萬物之中。人能基於其道德心，將他人視爲自己的手足同胞，與其建立關係，而不將之排除在一己生命之外，漠視不理。人且能將萬物萬物視爲同類（皆同樣稟受天道），而參與到萬事萬物之中；通過各種道德活動的運作，「與物相與」，在萬事萬物之中實現道德價值。針對人己物我之間如何建立「關係性」（靜態地說）及「相與性」（動態地講），橫渠在〈大心〉篇中有進一步的說明：

大其心，則能體天下之物。物有未體，則心爲有外。世人之心，止于聞見之狹。聖人盡性，不以見聞梏其心，其視天下，無一物非我。孟子謂盡心則知性知天，以此。天大無外，故有外之心不足以合天心。見聞之知，乃物交而知，非德性所知。德性所知，不萌于見聞。（《正蒙‧大心》）

心之所以能「無外」，將天下置於一心之上，即在於心能體物不遺。此能善體萬物的心，並非主客相對的認知心，而是能泯除主客或物我分別的道德心。在此，橫渠明白區分出兩種不同的心知作用——「見聞之知」與「德性之知」。「見聞之知」即認知心，「乃物交而知」，是將事物置入主客二元對立的格局架構之中，作爲認識對象而對之進行分析考量。「德性之知」即道德心，能「『體』天下之物」，將宇宙存有納入自己的道德關懷視域與實踐活動範圍之中。

〔註17〕橫渠在人性論上作出了「氣質之性」和「天地之性」的區分。《正蒙‧誠明》有云：「形而後有氣質之性，善反之，則天地之性存焉。故氣質之性，君子有弗性者焉。」可見「氣質之性」爲萬物萬物的物質基礎，亦即形構原理；而「天地之性」則爲人的內在道德性，亦即人之所以能與天道相合之性。

橫渠之後，宋明儒者在橫渠的思想基礎上，進一步引申建構出具有道德意涵的的整體世界觀，明道有言：

> 學者須先識仁。仁者，渾然與物同體，義、禮、智、信皆仁也。識得此理，以誠敬存之而已，不須防檢，不須窮索。……此道與物無對，「大」不足以明之。天地之用，皆我之用。孟子言「萬物皆備于我」，須「反身而誠」，乃爲大樂。若反身未誠，則猶是二物有對，以己合彼，終未有之，又安得樂！《訂頑》意思，（橫渠西銘，舊名《訂頑》）乃備言此體，以此意存之，更有何事。「必有事焉而勿正，心勿忘，勿助長」，未嘗致纖毫之力，此其存之之道。若存得，便合有得。蓋良知良能，元不喪失。以昔日習心未除，卻須存習此心，久則可奪舊習。此理至約，惟患不能守。既能體之而樂，亦不患不能守也。（《二程集．識仁》）

在〈識仁〉篇中，明道通過「與物無對」之「仁」，來說明橫渠所言能「體物」的心；並強調「仁者，渾然與物同體」，將人己物我視爲一個意義整體。明道並且依據《孟子》中的諸多觀念來詮釋「仁」。如將「仁」視爲人內在本具的良知、良能〔註 18〕，能統攝義、禮、智、信等德性。要之，明道以「仁」爲基礎，建立起「物我同體」的萬物一體觀，確立了道德心與一體觀不可分離之關係。從橫渠所言的心之「體物」、「無外」，到明道主張「與物無對」而至「物我同體」的一體觀，其中表現出創造性、開放性、關係性及整體性等意義內涵。

關於儒家的一體觀，在學界已累積許多論述。就文獻取材而言，學者大多著眼於宋明理學家的論述，其中，張橫渠的〈西銘〉、程明道的〈識仁篇〉及王陽明的〈大學問〉被視爲表現儒家一體觀之代表性文本。此外，多數學者主張，「萬物一體觀」並非首發自宋明儒者，在先秦儒學中，已見萬物一體觀之思想端緒。其中，最常被徵引的文獻證據是《孟子．盡心上》的「萬物皆備於我章，反身而誠，樂莫大焉」，〈中庸〉的「唯天下至誠，……

〔註 18〕孫星衍及焦循將「良知」、「良能」視爲二物，以「良知」不待於學，由「知」而「能」則有待於學。李明輝先生駁斥此說。他指出，同一道德主體，就其爲道德底「判斷原則」而言，謂之「良知」；就其爲道德底「踐履原則」而言，謂之「良能」。「良知」本身即含有實踐之力量。就此而言，「良知」同時是「良能」。參見李明輝：《康德倫理學與孟子道德思考之重建》（臺北：中研院文哲所，1994 年），頁 81～92。

則可以與天地參矣」，以及《易・乾文言》的「夫大人者，與天地合其德」等。

大致而言，學者從對上述文獻的詮釋中所歸結出關於儒家一體觀的論旨主要有二：一、由「仁心」之感通無礙，說明人我、自然具有主客交融的一體親和性。〔註19〕二、主張人具有「天地之性」，能通過道德實踐的過程「與天地參」，從而彰顯作爲天地萬物共同根源的「生生之德」或道德創造性。〔註20〕要之，儒家的一體觀一方面呈現出關係哲學的面向，同時更加入本體宇宙論的形上學觀點。〔註21〕

我們可通過形上意涵及實踐進路兩個面向，簡要說明儒家的一體觀。首先，就形上意涵而言，儒家乃是基於天道生化的創造性及普遍性，以及人我物己之間的關係性及相與性，將宇宙萬物視爲一個相互關聯的整體。易言之，儒家一體觀下所呈現的世界，是一充滿道德創造意義、物我相感互通的整體。再就實踐進路而言，儒家主張人作爲道德主體，應藉由仁心的感通性及開放性，將人己物我置於道德的視域之中，通過道德行動善化自我（「成己」），並協助他人它物成就自身（「成物」）。對此，鄭宗義先生有精要的分析：

> 所謂人有感通他者的心量，換一種説法，即人可以有一不涉利益考慮的對他者關注的能力（the capacity for disinterested care of the other）。這種能力在我們日常生活中其實是隨時都能體會得到的。儒者把這種能力（人底本質的存在性格）的充盡表現看成是人自我完成的努力。又在此自我完成的歷程中，他者亦因獲得人的關懷而得以成就。所以成己與成物依儒學是辯證的動態歷程：成己所以成物，成物亦正所以成己。換言之，人的自我完成是絕對不能沒有他人以

〔註19〕參見林月惠：〈一本與一體：儒家一體觀的意涵及其現代意義〉，收入林月惠：《詮釋與工夫——宋明理學的超越蘄嚮與內在辯證》，頁23。

〔註20〕如鄭宗義先生認爲，宋明儒者希望由對一體境界之體驗，躍升至對生生化育之道（天道）眞實存在的誠信（authentic belief），進而生起參贊化育的道德責任感。參見鄭宗義：《儒學、哲學與現代世界》，頁319～320。

〔註21〕彭國翔先生指出，儒家的一體觀包含了自我與他人、自我與自然之間一種非主客對立的、「我——你」的橫向一體關係，同時包含了天、地、人三參同構的縱向一體關係。參見彭國翔：〈儒家宗教性人文主義特質——以《西銘》爲中心的考察〉，收入彭國翔：《儒家傳統的詮釋與思辨：從先秦儒學、宋明理學到現代新儒學》，頁66～78。

> 至天地萬物的參與。借用杜維明的話說，這是儒學獨特的「天人一體觀」（anthropocosmic world-view）。〔註 22〕

「成己」與「成物」之交相辯證，表明儒家是由道德人格開顯道德視域，亦在道德視域及道德活動中安立及善化道德人格。易言之，儒家的成德之教一方面關切行動者之道德視域如何在道德意識之豁醒中得以充廣；另方面，又重視行動者之實踐智慧如何在道德視域的充廣中得到磨鍊。

在此，我們見到一條以天道和人性相契爲基礎所展開的「天人合一」的進路〔註 23〕，亦即通過生生之道來接通天人之際。其主要內涵有：第一、天道與人性皆展現出生生不已的創造性。第二、此創造性具有普遍性，亦即能實現於萬事萬物之中。第三、人性中之道德感受及道德能力，亦具開放性及創造性。第四、人能通過此具有開放性及創造性的道德活動，在人己物我之間，建立起相互關係。〔註 24〕孟子的「仁也者，人也。合而言之，道也」（《孟子・盡心下》）一語即在強調，道德心內在於人心之中，當我們發用此道德心，進行道德實踐活動時，也同時體現了天道生生不已的創造性。

綜上可知，儒家以仁心爲基礎，並視「維繫人倫」與「參贊天道」爲兩大道德責任。儒家經典中許多道德衝突事例，皆與此相關。這是當我們討論儒家如何面對「道德衝突」問題時，極重要的思考線索。以下便以此爲據，討論儒家「道德衝突」之形態與例示。

〔註 22〕鄭宗義：《儒學、哲學與現代世界》，頁 129。

〔註 23〕張錦青先生指出，由孔子之後的儒者對孔學的承繼與發展中，可發現三種不同的「天人合一」的進路：一、「天人之際，合而爲一」（如：《易傳》、荀學、濂溪、橫渠、二程、朱熹），二、「內在體驗，以契天道」（如：孟子、陸王），三、「天人之道，內外貫通」（如：五峰、蕺山、熊十力先生、牟宗三先生）。但張先生認爲，此三路「天人合一」的思想各有其理論難題。詳細的討論參見張錦青：〈儒家的天人合一進路〉，頁 71～95。

〔註 24〕依此，彭國翔先生認爲，我們可將儒家視爲一種宗教性人文主義（religious humanism），其中的三個基本特徵是：一、寓神聖性於世俗性，二、自我——他人——自然，爲一存在的連續有機整體，三、個體在社會中實現其價值。儒家基於萬物一體觀念下的人文主義，在神聖與世俗、人類與自然、個體與社會三種關係問題上，皆能保持一種包含了差別、對立與運動在內的動態平衡與整體和諧。參見彭國翔：《儒家傳統的詮釋與思辨：從先秦儒學、宋明理學到現代新儒學》，頁 65～85。

第三節　「道德衝突」之形態與例示

一、涉及「維繫人倫」者

（一）「封之有庳」

> 萬章問曰：「象日以殺舜爲事，立爲天子，則放之，何也？」孟子曰：「封之也。或曰放焉。」萬章曰：「舜流共工于幽州，放驩兜于崇山，殺三苗于三危，殛鯀于羽山，四罪而天下咸服。誅不仁也。象至不仁，封之有庳。有庳之人奚罪焉？仁人固如是乎？在他人則誅之，在弟則封之。」曰：「仁人之於弟也，不藏怒焉，不宿怨焉，親愛之而已矣。親之，欲其貴也；愛之，欲其富也。封之有庳，富貴之也。身爲天子，弟爲匹夫，可謂親愛之乎？」「敢問『或曰放』者何謂也？」曰：「象不得有爲於其國，天子使吏治其國，而納其貢稅焉，故謂之放。豈得暴彼民哉？雖然，欲常常而見之，故源源而來。『不及貢，以政接于有庳』，此之謂也。」（《孟子．萬章上》）

舜即位爲天子後，將作亂的異族首領流放或處死。舜的親弟弟象性格殘暴，成天欲謀害舜，然而，舜對於象的處置方式並非降罪於象，反倒封地給象，使象得享富貴。舜所面臨的是「依罪論處」與「親愛其弟」兩項責任的衝突。舜選擇了後者，不過另做安排，請良吏治理有庳，讓象只能領貢稅，而無實質治理有庳的權力。於此，我們看到儒家對於人倫關係的重視。「親之，欲其貴也；愛之，欲其富也」，說明舜將象「封之有庳」的決定即是出自對於親情。

同時，我們也見到儒家在面臨道德衝突而進行道德抉擇後，爲了降低行爲結果可能對於相關他人造成的負面影響，所另謀的一系列道德決定。由於道德衝突做爲具體行動處境中責任間的衝突，在取捨之間難免有顧此失彼的問題；因此，行動者必須深廣化其道德思慮，對於所有可能因其道德抉擇而後續發展的事態再做裁量，而有進一步的行動決定。這也反映出爲何儒家以「權是最難用底物事」（《朱子語類》第 37 卷）。

梁濤先生曾提到，在儒家「親親相隱」的事例中，「封之有庳」所表現的是相對保守、落後的內容。〔註 25〕恩蔭己親之舉，就現今社會看來，無疑有

〔註 25〕參見梁濤、顧家寧：〈超越立場，回歸學理——再談「親親相隱」及其相關問題〉，《中國哲學》2013 年第 11 期（北京：中國人民大學書報資料中心，2013 年 11 月），頁 55。

循私之負面行成份。對此，筆者以為，鄭宗義先生的看法或值得參考。他提到，我們可通過「歷史的考查」及「觀念的重建」兩方面入手，對於傳統思想進行清理工作，區別出儒學中普遍的「開放成份」，與過時的「封閉成分」，從而發掘及汲取儒學中對現今世界有啓示或參考價值的思想資源。〔註 26〕因此，就算如梁濤先生之考察，「封之有庳」之觀念，乃是孟子受儒家早期重孝派思想影響下的產物。筆者以為，我們亦可對之有所同情的理解；並將我們的目光集中於「封之有庳」事例中，值得關注的思想成份，而非對之加以全盤否定或刻意美化。

（二）「其父攘羊」

> 葉公語孔子曰：「吾黨有直躬者，其父攘羊，而子證之。」孔子曰：「吾黨之直者異於是。父為子隱，子為父隱，直在其中矣。」（《論語．子路》）

讓我們先思考葉公的立場。葉公強調，面對父親偷盜時，兒子理應「證父攘羊」，而此舉乃是「直躬而行」。葉公所謂「直躬而行」，並非出於個人利益考量（如：兒子為了拿到懸賞獎金而舉發父親），而是基於「攘羊為非」的道德判斷所做出的行動抉擇。此行動抉擇中反映出「作惡者理應受罰」的「賞罰原則」（principle of desert）〔註 27〕，並且，此賞罰原則之運用不涉及行動情境中人物彼此的身份關係，所有人皆應遵守且協助執行賞罰原則。換言之，葉公心目中的「直」是一種「對於賞罰原則的絕對服從」。

相反，孔子在其父子相隱的主張中，表現出了另一種「直」的觀點。首先，我們似乎未見孔子對於攘羊行為進行道德是非判斷；再者，在孔子的道德抉擇中，父子關係顯然是考量的因素之一。那麼，我們必須思考：為何孔子以「親親互隱」凌駕於其它原則？而這是否意謂儒家將個人的角色、身份及相互關係做為道德衝突情境中進行行動抉擇的關鍵？對此，有學者如黃裕生先生從「角色倫理」的角度來說明儒家倫理，並批評儒家只重視角色倫理

〔註 26〕參見鄭宗義：《儒學、哲學與現代世界》，頁 289、325。

〔註 27〕西方倫理學和政治哲學常將「賞罰原則」置於「正義」（justice）概念的意義脈絡之中。亞里斯多德認為，作為公平的正義概念，主要表現於「賞罰原則」與「分配原則」。然而此處筆者所謂「賞罰原則」，是採取較寬泛的用法，即指一般人所言「為惡者應接受制裁」之意。

規則的作法使得儒家倫理既不具普遍性，亦違背公義。〔註 28〕然而，筆者以爲，此種看法不但斷章取義，且理據不足。孟子有言：

> 告子曰：「食色，性也。仁，内也，非外也。義，外也，非内也。」孟子曰：「何以謂仁内義外也？」曰：「彼長而我長之，非有長於我也。猶彼白而我白之，從其白於外也，故謂之外也。」曰：「異於白馬之白也，無以異於白人之白也！不識長馬之長也，無以異於長人之長歟？且謂長者義乎？長之者義乎？」曰：「吾弟則愛之，秦人之弟則不愛也，是以我爲悦者也，故謂之内。長楚人之長，亦長吾之長，是以長爲悦者也，故謂之外也。」曰：「嗜秦人之炙，無以異於嗜吾炙。夫物則亦有然者也。然則嗜炙亦有外歟？」
> （《孟子．告子上》）

孟子對於告子提出「且謂長者義乎？長之者義乎？」之質問，意在強調儒家道德判斷之根本依據，不在行爲對象上，而在行爲主體的道德心之中。其實，將儒家倫理定位爲「角色倫理」，除了在儒家文獻中得不到充份支持外，也無法完全解釋儒家在其它道德衝突事例中的道德抉擇。如，若我們以「角色倫理」來作爲「親親互隱」的理據，則我們必須面對另一個極端特定事例的挑戰：在「瞽瞍殺人」的例子中，舜同時具備國君和兒子兩種身份，而因此陷入更嚴重的道德衝突。然而，我們會發現，舜的決定不是通過「角色倫理」所能解釋的。〔註 29〕

（三）「瞽瞍殺人」

> 桃應問曰：「舜爲天子，皋陶爲士，瞽瞍殺人，則如之何？」孟子曰：

〔註 28〕參見黃裕生：〈普遍倫理學的出發點：自由個體還是關係角色〉，收入郭齊勇主編：《儒家倫理爭鳴集——以親親互隱爲中心》（湖北：湖北教育出版社，2004 年），頁 938～963。

〔註 29〕黃慧英先生亦指出：「儒家倫理不是由角色或關係決定道德，而是由道德心決定在特定境況中的具體道德要求。」參見黃慧英：《儒家倫理：體與用》，頁 177。郭梨華先生則通過對於郭店儒簡的解讀後指出，戰國早中期的儒家倫理學開展出三個向度：一是心性之路的德性倫理之建構；二是倫理之客觀普遍化的建構；三是倫理之角色職德的建構。此三向度共同完成了孔子後學的倫理學建構。參見郭梨華：〈早期儒學的道德倫理哲學探析——以郭店儒簡爲中心的討論〉，《政大中文學報》第 17 期（2012 年 6 月），頁 17～50。可見將儒家倫理學單單視爲角色倫理，是片面且流於簡單化的看法。

「執之而已矣。」「然則舜不禁與？」曰：「夫舜惡得而禁之？夫有所受之也。」「然則舜如之何？」曰：「舜視棄天下，猶棄敝蹝也。竊負而逃，遵海濱而處，終身訢然，樂而忘天下。」
（《孟子．盡心上》）

在「瞽瞍殺人」的事例中，儒家提出比前一個事例更艱困的道德抉擇。舜同時兼具國君和兒子雙重身份，而舜的父親也被假定犯了比偷盜更嚴重的殺人罪。儘管如此，儒家的道德抉擇不變，依然選擇「親親原則」（保全親人）。雖然，舜並未忘記他作爲國君的角色——身爲一國之君，亦即最高的執法者，因此允許皋陶逮捕自己的父親，並承認父親應受此罰（「夫有所受之也」）。然而，爲了保護父親，舜最終選擇放棄國君身份，幫助父親潛逃。在舜的抉擇中，我們得知，當有兩種以上的身份同時出現且無法兼顧時，對於身份關係的考量，便不能作爲道德抉擇的依據。

勞思光先生曾提到，在「攘羊」之例中，透露孔子對於價值判斷有一「特殊肯定」，即：「價值在於具體理分的完成」。所謂「具體理分」，即是儒家「正名」思想中的「名」之意指，牽涉到行動處境中所有人的社會角色及相互關係。不同的行動事例中有不同的「具體理分」。孔子要求人各盡其「理分」，此乃即孔子「直」的觀念。然而，筆者認爲，「親親互隱」的抉擇並非完全基於「正名原則」。因爲，當行動主體同時兼具兩種身份時，要求人依其角色盡其「理份」的「正名原則」，並無法解決道德衝突。此時，正是「正名原則」的要求，才使我們陷入道德衝突之中。然則，我們應如何恰當理解孟子在此例中所採取之行動主張？關於此，本章下節將有所析論。

二、涉及「參贊天道」者

（一）「不告而娶」

孟子曰：「不孝有三，無後爲大。舜不告而娶，爲無後也，君子以爲猶告也。」（《孟子．離婁上》）

萬章問曰：「《詩》云：『娶妻如之何？必告父母。』信斯言也，宜莫如舜。舜之不告而娶，何也？」孟子曰：「告則不得娶。男女居室，人之大倫也。如告則廢人之大倫以懟父母，是以不告也。」
（《孟子．萬章上》）

在「不告而娶」的事例中，舜面對的是「守『告而後娶』的傳統禮法」〔註 30〕與「生兒育女以延續子嗣」兩項孝行責任之間的衝突。由孟子所言「君子以爲猶告也」之說法可見，孟子認爲舜「不告而娶」之做法，是一項合乎道德的決定。孟子主要提出三點理由：一、爲無後也。二、不廢人之大倫。三、免懟父母。

首先，「傳宗接代」是傳統孝道的觀念，姑且不論這種觀念是否與時遷移，但在古代卻是孝行的表現。舜面臨了「告則不得娶」的困境，因而必須在「爲無後也」和「告而後娶」兩個與「孝」相關的責任之間作出選擇，而舜選擇了前者，足見舜認爲兩項孝行責任有輕重緩急之別，亦見得舜對於延續生機以參贊天道之重視。此外，能否順利娶妻生子，牽涉到「夫婦」與「父子」兩項人倫關係之存續，舜決定「不告而娶」，即顯現出儒家重視人之大倫。最後，「不告而娶」亦是爲了日後「免懟父母」，足見親子情感之維繫亦是十分重要的行動考量因素，而此亦可同時納入「維繫人倫」的道德考量當中。要之，我們可在舜「不告而娶」之事例中，發現儒家對於「維繫人倫」與「參贊天道」兩大道德責任之重視。

（二）「嫂溺手援」

> 淳于髡曰：「男女授受不親，禮與？」孟子曰：「禮也。」曰：「嫂溺則援之以手乎？」曰：「嫂溺不援，是豺狼也。男女授受不親，禮也。嫂溺援之以手者，權也。」（《孟子．離婁上》）

行動者在此面臨「恪守禮儀」與「救人性命」兩項責任之間的道德衝突。在孟子看來，行動的方向很明確，即是暫時擱置「男女授受不親」的禮儀規範，以救人爲要務。在「嫂溺手援」的情境中，「救人」較「守禮」具有行動的優先性。然而，在「嫂溺手援」的事例中，救人行動的優先性是否同時反映出：「救人」較「守禮」具有價值的優先性？筆者不以爲如此。

雖然，在儒家文本中，我們可看到，儒家以「仁」做爲「禮之本」，如孔子有言「人而不仁，如禮何？人而不仁，如樂何？」（《論語．八佾》）然而，「禮」一方面作爲「仁」之用（發用），另方面對於「仁」亦有矯弊之功。如孔子謂「克己復禮爲仁。一日克己復禮，天下歸仁焉」（《論語．顏淵》）；「知

〔註 30〕如朱子所言「娶妻必告父母，學者所當守。」（《朱子語類》第 15 卷）

及之，仁能守之，莊以蒞之，動之不以禮，未善也」（《論語．衛靈公》）。可見「禮」的價值並不低於「仁」。〔註31〕

在儒家經典中，「救人」的行動原則並不總是優先於「守禮」。如董仲舒在《春秋繁露》中提到：

> 逄丑父殺其身以生其君，何以不得謂知權？丑父欺晉，祭仲許宋，俱枉正以存其君。然而丑父之所爲，難於祭仲，祭仲見賢而丑父猶見非，何也？曰：是非難別者在此。此其嫌疑相似而不同理者，不可不察。夫去位而避兄弟者，君子之所甚貴；獲虜逃遁者，君子之所甚賤。祭仲措其君於人所甚貴以生其君，故《春秋》以爲知權而賢之。丑父措其君於人所甚賤以生其君，《春秋》以爲不知權而簡之。其俱枉正以存君，相似也；其使君榮之與使君辱，不同理。故凡人之有爲也，前枉而後義者，謂之中權，雖不能成，《春秋》善之，魯隱公、鄭祭仲是也。前正而後有枉者，謂之邪道，雖能成之，《春秋》不愛，齊頃公、逄丑父是也。（〈竹林〉）

董仲舒對於爲了救齊頃公性命而施計要頃公假扮車夫的逄丑父提出嚴厲批評，謂逄丑父不知「權」，因爲逄丑父的做法將使頃公背負苟且偷生之名而受辱。由此可見，儒家並不總是將「救人」置於「守禮」之先。那麼，我們應如何理解孟子在「嫂溺手援」情境中的道德抉擇呢？

筆者認爲，在「嫂溺手援」的情境中，孟子之所以選擇「救人」，而非僅守男女之禮，是因爲在此特定情境中，行動者所面臨的「守『男女授受不親』之禮」和「救嫂子之性命」兩項責任，後者明顯爲重。孟子曰：「嫂溺不援，是豺狼也。」（《孟子．離婁上》）亦云：「人之所以異於禽獸者幾希，庶民去之，君子存之。舜明於庶物，察於人倫；由仁義行，非行仁義也。」（《孟子．離婁下》）又云：「人皆有不忍人之心……皆有怵惕惻隱之心」（《孟子．公孫丑上》）將數段文句合併而觀，可知孟子之所以要暫時擱置男女相處之禮儀，

〔註31〕梁家榮先生將學界有關仁禮關係之看法區分爲「仁本說」、「禮本說」和「仁禮並重說」三種，並認爲「禮本說」才合乎孔子思想相關討論。參見梁家榮：《仁禮之辨——孔子之道的再釋與重估》，頁28～39。馮耀明先生則曾討論中外學者對於仁禮關係的一些重要解讀，並建議將仁與禮的關係納入意向性（intentionality）和意向行動（intentional action）的框架來理解。參見馮耀明：〈論語中仁與禮關係新詮〉，《國立政治大學哲學學報》第21期（2009年1月），頁129～158。

而對嫂子援之以手，主要乃是基於仁心（「不忍人之心」）所做出的人應致力於「延續生機以參贊天道」之道德衡量。

（三）「祭仲知權」

（經十一．三）秋，七月，葬鄭莊公。九月，宋人執鄭祭仲。

（傳）祭仲者何？鄭相也。何以不名？賢也。何賢乎祭仲？以爲知權也。其爲知權奈何？古者鄭國處于留。先鄭伯有善于鄶公者，通乎夫人，以取其國而遷鄭焉，而野留。莊公死已葬，祭仲將往省于留，塗出于宋，宋人執之，謂之曰：「爲我出忽而立突。」祭仲不從其言，則君必死、國必亡；從其言，則君可以生易死，國可以存易亡。少遼緩之，則突可故出，而忽可故反，是不可得則病，然後有鄭國。古人之有權者，祭仲之權是也。權者何？權者反於經，然後有善者也。權之所設，舍死亡無所設。行權有道，自貶損以行權，不害人以行權。殺人以自生，亡人以自存，君子不爲也。

（《公羊傳．桓公十一年》）

文中提到，鄭相祭仲面臨到「護君命」和「不降敵」兩項人臣所應履行的道德責任之間的衝突，而《公羊傳》中藉由經、權概念，解釋祭仲之行動抉擇。祭仲被俘之際，暫從宋人要他另立國君之要脅，因而得以緩事。《公羊傳》認爲，祭仲如此做法並非棄君，而是在危急之秋，以保全原君（鄭昭公）之命爲要，以便它日另謀復君。就行動結果而言，祭仲的決定既使鄭國免受宋國侵討，又保全了鄭昭公的性命，而終得以回國復位。對此，《公羊傳》評祭仲之行乃是權的表現。

不同於《公羊傳》稱許祭仲知權，《穀梁傳》對於祭仲的作法卻是大加貶抑：

（經十一．四）九月，宋人執鄭祭仲。

（傳）宋人者，宋公也，其曰人，何也？貶之也。

（經十一．五）突歸于鄭。

（傳）曰突，賤之也。曰歸，易辭也。祭仲易其事，權在祭仲也。死君難，臣道也，今立惡而黜正，惡祭仲也。

（《穀梁傳．桓公十一年》）

當中提到，國君有難時，為人臣者理應堅從其君，為國君而死，而不可易主而侍。就此而言，祭仲另立國君的作法，在《穀梁傳》看來，是背叛其君、不合臣道的行為。於此，我們見到了對同一歷史事實所出現的不同之道德評價。唐君毅先生曾論《穀梁》與《公羊》之別：「《穀梁》早出，而為魯學，蓋更能固守儒者之學之傳；其言禮義，更為謹嚴，而不免于拘固。《公羊》後出，而為齊學，賈逵已謂其雜有權變，即更能適應時代之變化。」〔註 32〕或許受到其口傳及成書當時之歷史時空的影響，相較於《穀梁》偏重經義，《公羊》較能著眼於行權。〔註 33〕

筆者不擬在此就《穀梁》與《公羊》對祭仲的評價孰優孰劣的問題作出裁定。因為，筆者認為，兩者在道德評價上之分歧，大抵出於觀點側重之別，而非在道德評價的依據上有根本的差異。例如，《公羊傳》對於「死君難」的臣子亦多有褒揚：

> （經二・一）二年，春，王正月戊申，宋督弒其君與夷及其大夫孔父。
>
> （傳）及者何？累也。弒君多矣，舍此無累者乎？曰：有，仇牧，荀息，皆累也。舍仇牧、荀息，無累者乎？曰：有。有則此何以書？賢也。何賢乎孔父？孔父可謂義形於色矣。其義形於色奈何？督將弒殤公，孔父生而存，則殤公不可得而弒也，故於是先攻孔父之家。殤公知孔父死，己必死，趨而救之，皆死焉。孔父正色而立於朝，則人莫敢過而致難於其君者，孔父可謂義形於色矣。
>
> （《公羊傳・桓公二年》）
>
> （經十二・三）秋，八月甲午，宋萬弒其君接及其大夫仇牧。
>
> （傳）及者何？累也。弒君多矣，舍此無累者乎？孔父、荀息皆累

〔註 32〕參見唐君毅：《中國哲學原論——原道篇》（二）（臺北：學生書局，1986 年），頁 269。

〔註 33〕黎漢基先生曾從後設的觀點，思考「祭仲廢立事件」何以在歷史上出現正反不一的褒貶。他試圖通過圖爾明之推理模式及對於經學史的梳理工作，說明祭仲所受之褒貶反映出社會群體對於行動的認可其實涉及了敘述的問題。人們往往受到隱涵的文本敘述脈絡所影響，因而表現出正反不一的評價活動結果。參見黎漢基：〈權變的論證——以《春秋》祭仲廢立事件為研究案例〉，《先秦、秦漢史》2013 年 1 期（北京：中國人民大學書報資料中心，2013 年 1 月），頁 47～57。

> 也。舍孔父、荀息，無累者乎？曰：有。有則此何以書？賢也。何賢乎仇牧？仇牧可謂不畏強禦矣！其不畏強禦奈何？……萬怒，搏閔公，絕其脰。仇牧聞君弒，趨而至，遇之于門，手劍而叱之。萬辟摋仇牧，碎其首，齒著乎門闔。仇牧可謂不畏強禦矣！
> （《公羊傳・莊公十二年》）

孔父及仇牧皆在其君有難時，矢志效忠。孔父在太宰華督欲弒君時，義形於色，力保殤公與夷性命；仇牧知閔公被宋萬所殺，不惜持劍向其理論，招來殺身之禍。孔父及仇牧兩人終因護主而亡，而《公羊傳》對兩者「死君難」之舉皆稱賢之。由此可見，《公羊傳》並非只重行權而輕臣道。

在祭仲的例子中，祭仲暫從宋人之行動，乃是著眼於未來局勢尚有可爲，以維繫國祚、緩事爲要；換言之，祭仲之行動抉擇乃爲因應特定情境（「舍死亡無所設」）而有。此外，由事態發展結果看來，祭仲之後亦能順利接昭公回國復辟，故《公羊傳》肯定祭仲行權之舉，並以「權者反於經，然後有善者也」作評。總之，在「祭仲知權」的事例中，我們一方面可由此看出祭仲應變處世之智，另方面亦可由《公羊傳》中「權之所設，舍死亡無所設」之說，看出儒家對於延續生機之重視。

（四）「管仲相桓」

> 子路曰：「桓公殺公子糾，召忽死之，管仲不死。曰：未仁乎？」子曰：「桓公九合諸侯，不以兵車，管仲之力也。如其仁！如其仁！」
> （《論語・憲問》）

> 子貢曰：「管仲非仁者與？桓公殺公子糾，不能死，又相之。」子曰：「管仲相桓公，霸諸侯，一匡天下，民到於今受其賜。微管仲，吾其被髮左衽矣！豈若匹夫匹婦之爲諒也，自經於溝瀆而莫之知也。」
> （《論語・憲問》）

管仲原來輔佐公子糾，在公子糾事敗被殺後，不死君難，反改相桓公；以其政治才能，助桓公九合諸候、一匡天下，保全了中原文化之延續，並維繫民生之安定。孔子以管仲之行能惠澤於民，而稱許其「如其仁」，謂其行爲表現近乎仁。孔子且舉出匹夫匹婦守小信小節而自縊之事，對比於管仲選擇不死君難而開展尊王攘夷之功，突顯出管仲行動思慮之靈活深廣。由此可見，儒家雖主張人臣應盡忠於君；但對於盡忠的表現方式，並無原則或內容上的固守或規定，而是主張人臣必須因時、因地，以仁心爲基礎，且考量行動過程中的各種對象及因素變化，做出適切且合義之行動決定。

（五）「晏子不死君難」

> 晏子立於崔氏之門外，其人曰：「死乎？」曰：「獨吾君也乎哉，吾死也？」曰：「行乎？」曰：「吾罪也乎哉，吾亡也？」曰：「歸乎？」曰：「君死，安歸？君民者，豈以陵民？社稷是主。臣君者，豈爲其口實，社稷是養。故君爲社稷死，則死之；爲社稷亡，則亡之。若爲己死，而爲己亡，非其私暱，誰敢任之？且人有君而弒之，吾焉得死之？而焉得亡之？將庸何歸？」門啓而入，枕尸股而哭，興，三踊而出。人謂崔子必殺之。崔子曰：「民之望也，舍之，得民。」（《左傳・襄公二十五年》）

事情的經過大致是，齊莊公貪圖齊君大夫崔杼之妻的美色，而多次與她私通，崔杼一怒之下設計誘殺莊公。旁臣問齊國丞相晏嬰是否自殺殉君，晏嬰表明不會如此做。因爲莊公之所以被崔杼所殺，乃因莊公自己行爲不檢所致。晏嬰認爲，既然莊公並非爲國家社稷而亡，自己便無殉君之理。由此可見，儒家並非一味主張死君難。儒家的「正名」思想下所表現的「君君、臣臣、父父、子子」（《論語・顏淵》），並非出自一種階級意識形態或專權體制下的行爲制約，而是要人能深切理解自己在社會中的理份，而有相應的行爲表現。曾子有言：「君子思不出其位」（《論語・憲問》），反映出道德行動者必須就其行動情境中所處之份位，而做出道德決定。晏嬰認爲其君行爲失道，因而不從其而死，而保一己之生。在儒家看來，反而是在經權的交相辯證下、合乎道德的行動。

第四節　儒家在「道德衝突」中之行動理據

一、由「不忍人之心」而行「權」

「嫂溺手援」的道德衝突事例顯示出：儒家將「不忍人之心」做爲行動者在道德衝突情境中行爲抉擇的依據，而當中所強調的「權」概念，則反映儒家道德考量的靈活度與變通性。在此事例中，我們見到孟子對於「禮」和「權」作出區分，而這也成爲了儒家早期經權說之典型事例。就行爲規範的層面而言，「禮」可等同於「經」，是一般情況中的行為規範，而「權」則是特定情況下的行動抉擇。〔註 34〕對儒家而言，「守禮」為「經」，但遇到特定情況，無法循禮而動時，便需要思考如何行權。對此，余紀元先生提到：

> 禮儀化在孟子思想裡雖很重要，但他明確說過，一個人應該永遠也不要機械地遵守經典教義裡說的所有事情，以帶有批判性和評估性的態度去看待「禮」，在特殊情況中以倫理靈敏性來應用「禮」則是恰當的做法。〔註 35〕

孟子對於「禮」的重視有據可徵。如孟子云：「夫義，路也；禮，門也。惟君子能由是路，出入是門也」(《孟子．萬章下》)，又云「動容周旋中禮者，盛德之至也」(《孟子·盡心下》)。在孟子看來，「禮」乃是作為行動合宜性(「義」)的表現方式；並且，那些能在行動進退之間恰當運作禮儀者，具有高度的道德人格內涵。此外，對於「禮」的調整，孟子亦極審慎視之，提醒人不可擅立藉口，輕言放棄「禮」：

> 任人有問屋廬子曰：「禮與食孰重？」曰：「禮重。」「色與禮孰重？」曰：「禮重。」曰：「以禮食則飢而死，不以禮食則得食，必以禮乎？親迎則不得妻，不親迎則得妻，必親迎乎？」屋廬子不能對。明日之鄒，以告孟子。孟子曰：「於答是也何有？不揣其本，而齊其末，方寸之木可使高於岑樓。金重於羽者，豈謂一鉤金與一輿羽之謂哉？取食之重者與禮之輕者而比之，奚翅食重？取色之重者與禮之輕者而比之，奚翅色重？往應之曰，『紾兄之臂而奪之食，則得食，不紾，則不得食，則將紾之乎？踰東家牆而摟其處子，則得妻，不摟，則不得妻，則將摟之乎？』」(《孟子．告子下》)

有人問孟子弟子屋廬子「禮」與「食」、「色」相比，孰輕？孰重？且刻意舉「以禮食則飢而死」、「親迎則不得妻」這些貌似道德困境的情境設計來質問屋廬子。對此，孟子反舉出扭折兄臂及越牆奪女等無德、失禮之行徑，強調

〔註 34〕林憶芝先生曾質疑「嫂溺手援」之事例為「禮」與「權」之區分，而非「經」與「權」之區分。參見林憶芝：〈朱子的經權說探微〉，頁 37～70。然而，筆者認為，由於就廣義而言，儒家之「禮」與「經」概念，皆有「一般性的行為規範」之意；因此，這裡所作出的區分，可被視為「經」、「權」之別。

〔註 35〕參見余紀元（Jiyuan Yu）著，林航譯：《德性之鏡：孔子與亞里士多德的倫理學》（*The Ethics of Confucius and Aristotle: Mirrors of Virtue*），頁 247。

「禮」對於道德行爲的規範意義不可被輕易棄置，否則將導致人倫大悖及社會失序。由此可見，孟子十分重視「禮」。

儘管如此，誠如余紀元先生所見，孟子並非將「禮」視爲絕對化、不可改易的行爲規範。在具體的行動情境中，倘若行動者確實遭遇到緊急的、攸關生死存亡的狀況，行動者便可視情境需求來調整「禮」。在「守禮」和「行權」之間並沒有既定的判斷公式，如何行動必須通過不忍人之心（「仁」）的發用與實踐智慧（「智」）的綜合裁量而定。

孔子言「無可無不可」(《論語．微子》)，孟子則謂「大人者，言不必信，行不必果，惟義所在」(《孟子．離婁下》)，又說「執中無權，猶執一也。所惡執一者，爲其賊道也，舉一而廢百也」(《孟子．盡心上》)。可見儒家重視用「權」。然而，行權需要智慧，孔子有言「可與立，未可與權。」(《論語．子罕》）朱子進解其意爲：「然須是聖人，方可與權。若以顏子之賢，恐也不敢議此。……所謂經，眾人與學者皆能循之；至於權，則非聖賢不能行也。……若不是大聖賢用權，少間出入，便易得走作。」(《朱子語類》第 37 卷）意皆在強調，只有道德素養臻於完備之聖賢才能通過經權辯證、恰當地行權，就此而言，「權」毋寧是道德行動者所表現出的純熟之道德工夫。

二、通過「正名原則」以守「經」

在「晏子不死君難」及「逢丑父不得謂知權」二事例中，我們見到儒家重視行動者是否能針對其社會身份做出合乎份位的行動表現。在前例中，齊君失禮無德，晏子便不再對其盡事人臣之禮（如：「死君難」）；在後例中，齊頃公被敵軍追逼，與大臣逢丑父相互更衣，後得以藉故逃走，然此舉但出於貪生怕死，不見爲君應有之仁心及英勇風範，董仲舒因此批評之。

於此，我們見到儒家對於「正名原則」的重視，「正名」觀念出自《論語》：

> 子路曰：「衛君待子而爲政，子將奚先？」子曰：「必也正名乎！」子路曰：「有是哉，子之迂也！奚其正？」子曰：「野哉，由也！君子於其所不知，蓋闕如也。名不正，則言不順；言不順，則事不成；事不成，則禮樂不興；禮樂不興，則刑罰不中；刑罰不中，則民無所措手足。故君子名之必可言也，言之必可行也。君子於其言，無所苟而已矣！」(《論語．子路》)

文中提到，「正名」乃是從政之必要條件。「正名」之後方可施政令、興禮樂、刑罰有度。對此，勞思光先生提到，儒家的「正名」觀念原屬於政治範圍，其後轉而涉及價值判斷，而透露出道德意義之「理分」觀念。所謂「理分」，即是在具體的人倫關係中之責任內容。〔註 36〕「正名」是對價值判斷的一般性原則之特殊肯定，亦即將價值視爲「具體理份之完成」。在具體事例中，人可能因其身份、職位或關係限制，而對於行爲表現的合理性做出不同的判斷。〔註 37〕

孔子言「君君、臣臣、父父、子子」(《論語・顏淵》)，孟子亦以「父子有親，君臣有義，夫婦有別，長幼有序，朋友有信」(《孟子・滕文公上》) 做爲社會中五種基本的人倫關係之行爲規範。基於「正名原則」而有的規範性表現即是「禮」，亦即本文前述中所謂第二義的「經」(經禮)。「經」在道德行動中具有軌範指向，指引行動者以道德實踐爲依歸；因此，儒家在道德衝突情境中，必須考量如何落實「正名原則」，展現出恰如其份的行動表現。然而，在某些道德衝突情境中，要實踐「正名原則」，似乎有所困難。例如，在「瞽瞍殺人」的例子中，舜的行爲抉擇，並非基於「正名原則」。因爲，若依「正名原則」，舜應該同時承擔起他作爲國君所應盡的責任，而不應只考慮到他作爲兒子的責任。易言之，在「瞽瞍殺人」的事例中，「正名原則」並無法有效處理道德衝突。那麼，我們又應如何理解這些事例中的道德抉擇呢？

三、「親親互隱」與「人格整全性」

(一)「親親互隱」之爭議

在《論語》「其父攘羊」的事例中，當兒子面對父親犯罪時，是否應當基於維護公義的原則〔註 38〕，向外舉報自己的父親？對此，葉公與孔子分持不同的立場和做法。葉公主張揭發父親的罪行，並強調證父攘羊的行爲乃是「直躬而行」。相反，孔子不隨葉公之說，他選擇父親和兒子相互隱瞞，並認爲「父子相隱」的做法，當中表現了「直」(「直在其中」)。有類於此，在《孟子》「瞽瞍殺人」的假想事例中，孟子認爲，即使瞽瞍犯下大錯，身爲人子的舜，爲

〔註 36〕參見勞思光：《新編中國哲學史》(一)，頁 145。

〔註 37〕同上註，頁 123～130。

〔註 38〕筆者這裡所言的「公義」是採取較寬泛的用法，指一般人對於公平和正義的看法 (如「一個人不應該隨便侵犯他人」)，並不限於西方政治哲學論述脈絡中，涉及「分配原則」(principle of distribution) 的公義 (justice) 概念。

了盡孝，會選擇潛入獄中救父，私下背著老父遠走避刑。於是，我們見到儒家在面臨道德困境時，選取將親人置於最高考量。

對一般人而言，愛護自己的親人是出於天性，不該受到太大責難。某些哲學理論或學派，也提出理由支持親親（親愛親人）的主張。如：女性主義關愛哲學家諾汀斯（Nel Noddings）主張，對他人的關愛，尤其是對自己親人的關愛，是道德生活的必要條件。諾汀斯拒絕接受普遍愛的觀點，她認爲這種觀點將擾亂我們以關愛爲基礎的道德理想。人的個體性必須建立在具體的社會關係之中。對於不同親疏遠近的社會關係，我們分別承擔不同的道德責任。在這些社會關係和道德責任中，空間的相近性起了很大的作用。因此，關愛哲學家反對無差等的愛；而是主張，我們固然應該幫助有需要幫助的人，但對於自己的親人，我們負有更大的責任。〔註 39〕效益主義者也基於效益原則，肯定「親親」的主張有「接納——效益」〔註 40〕，是值得建立的道德原則。如赫爾（Hare）贊同辛格（Peter Singer）所言，若每個人能擁有一些特定的忠誠（loyalty）或情感，將有利於延續種族的生存。因此，效益主義者並不反對親屬之間的偏私情感。〔註 41〕然而，在道德衝突中，當不同的道德原則彼此照面時，爲何「對親人安危或幸福的考量」應居於優位，凌駕其它的道德原則，就是一項引人深思的道德議題了。換言之，我們必須思考，如何「證立」（justify）儒家在道德衝突所突顯的「親親」之行。這裡所謂「證立」，是對於行動的合理性提出說明。

2002 年，大陸《哲學研究》中刊登了一篇由大陸學者劉清平所寫名爲〈美德還是腐敗——論儒家倫理的深度悖論〉的論文〔註 42〕，當中批評《孟子》中關於「瞽瞍殺人」及「封之有庳」的兩個事例乃是徇情枉法的腐敗行爲，又批評儒家的「親親互隱」主張與儒家主張博施濟眾的仁愛思想〔註 43〕相違，

〔註 39〕參見李晨陽：〈儒家的仁學和女性主義哲學的關愛〉，收入周大興編：《理解、詮釋與儒家傳統：展望篇》，頁 234～236。

〔註 40〕當我們說某原則具有「接納——效益」時，即意謂著：若我們接納該原則，將會爲我們帶來好的效益，這是原則效益主義的觀點。

〔註 41〕參見 R. M. Hare 著，黃慧英、方子華譯：《道德思維》，頁 176～178。

〔註 42〕此文亦收入郭齊勇主編：《儒家倫理爭鳴集——以親親互隱爲中心》（湖北：湖北教育出版社，2004 年），頁 888～896。

〔註 43〕《論語・雍也》中有言：「子貢曰：『如有博施於民而能濟眾，何如？可謂仁乎？』子曰：『何事於仁，必也聖乎！』」

而陷入一種「深度悖論」。自此十餘年間，引發了數段論爭，批評和捍衛儒家倫理思想的正反陣營幾度交鋒，至今仍餘波盪漾〔註44〕。

撇開這些論爭中那些隨感式的評論不談，當學者們試圖爲儒家「親親互隱」的道德抉擇找到最可能的解釋方式時，主要的途徑有兩種：一是「內部解釋」，二是「外部解釋」。所謂「內部解釋」主要著眼於儒家的「孝」、「悌」思想與「仁」概念之間的關係，以孝悌爲行仁之本，強調「親親互隱」有其必要性。所謂「外部解釋」，則或基於中國社會文化結構，強調家庭及社群關係對於個人的影響；或援引中西古今社會所出現的「親屬容隱」的制度或慣例，來支持儒家「親親互隱」的主張。對此，筆者認爲，「外部解釋」所著眼的文化背景面向，僅能視爲對於「親親互隱」的補充說明或參照向度，但要證成儒家「親親互隱」的合理性，且試圖調解上述正反兩論的對立，必須由儒家思想本身著手。

就內部解釋而言，是將「親親互隱」的主張視爲「孝」的表現，而將「孝」視爲道德實踐的起點（以孝悌乃「行仁」之本）；亦即強調，一個人若無法愛其親，致力於盡孝，也將無法成就道德。易言之，「起點說」主要是就著儒家推己及人的主張，將「孝」視爲道德實踐的起點，強調人可通過愛其親的行爲，擴充其愛人之心（「推恩」），從而將道德實踐的範圍，推向社會國家，造福更多人群。然而，筆者認爲，「起點說」只能基於「親親互隱」和「孝」的關連，來推出「親親互隱」的重要性，卻無法直接說明爲何行動者在面臨道德衝突時，維護親人幸福或安危的行爲，何以具有不可放棄的優先性？

當我們面臨道德衝突時，爲何不能基於公義的要求，大義滅親，讓犯罪的親人被繩之以法？這其中的緣由，恐怕不是一句「此舉乃大逆不道」所能輕易解釋的。孔子的回答也並非簡單地訴諸常理。在「攘羊」之例中，孔子提出一個引人深思的概念：「直」。孔子強調，「父子相隱」的行爲有「『直』在其中」。孔子所說的「直」概念，顯然異於主張「證父攘羊」乃「直躬而行」的葉公所言之「直」。大致而言，葉公的「直」，有正直、依理而行之意，乃是爲了服從於某種絕對律則而行動；而孔子的「直」卻不著眼於道德律則，因爲在孔子對其道德抉擇的辯護中，未見其對於攘羊行爲是非判斷之說明。那麼，孔子所言之「直」，其意涵究竟爲何？

〔註44〕相關討論可參見郭齊勇主編：《儒家倫理爭鳴集——以親親互隱爲中心》；鄧曉芒：《儒家倫理新批判》；郭齊勇主編：《《儒家倫理新批判》之批判》。

（二）「直」的意涵

許多論者在解釋《論語》「其父攘羊」一段的兩個「直」字時，傾向將它們視爲同一個概念，並將「直」解爲「依理而行」。如：勞思光先生認爲，「攘羊」之例中的「直」的觀念，可視爲「義」觀念的延伸。〔註 45〕然而，筆者對此有不同的看法。從孟子云「義，人路也」（《孟子．告子上》），〈中庸〉言「義者宜也」可見，儒家的「義」概念是指「當理而行」，屬於一種道德行動。然而，「義」概念雖能表達出道德的普遍性，卻是一個「薄的道德概念」（thin moral concept），並未提供特定的、具體的行動指示。〔註46〕在「其父攘羊」一例中，孔子的道德抉擇是明確的，亦即選擇父子相隱。若我們將孔子的「直」視爲「義」，強調孔子是依理而行，似乎無法突顯孔子所做的選擇與葉公之行爲動機有何相異之處。對於葉公而言，證父攘羊的行爲，就其符合社會公義而言，未嘗不可被視爲是「依理而行」。

爲了進一步理解「直」的概念，試看以下文獻：

> 枉己者，未有能直人者也。（《孟子．滕文公下》）
>
> 夫達也者，質直而好義，察言而觀色，慮以下人。在邦必達，在家必達。（《論語．顏淵》）
>
> 以直報怨，以德報德。（《論語．憲問》）
>
> 孟子曰：「無爲其所不爲，無欲其所不欲，如此而已矣。」（《孟子．盡心上》）
>
> 「敢問何謂浩然之氣？」曰：「難言也。其爲氣也至大至剛，以直養而無害，則塞于天地之間。其爲氣也配義與道，無是餒也。是集義所生者，非義襲而取之也。行有不慊於心則餒矣。」（《孟子．公孫丑上》）

孔子將「直」、「枉」對舉，認爲一個「枉己」而行的人，不能以「直」來對待他人；由「枉己」的說法可見出，「枉」或「直」皆關連到人對於自身人格

〔註45〕參見勞思光：《新編中國哲學史》（一），頁 127～130。

〔註46〕關於「厚的道德概念」（thick moral concept）和「薄的道德概念」（thin moral concepts）的區分，可參見 Bernard Williams, *Ethics and the Limits of Philosophy*, p.129～130, 140～141.大致而言，兩者的區分在於行動指引內容的多寡。「厚的道德概念」是一種爲人提供具體行動指引（action-guiding）的概念，如：勇氣（courage）、守信（promise）；而「薄的道德概念」則缺乏實質的行動指引，而僅在表達一種規範性的價值概念，如善（good）、正當（rightness）等。

狀態的反思。再者，「質直」、「人之生也直」之說，暗示了「直」作為人的一種人性特質。又，孔子反對「以德報怨」，認為人應「以直報怨」；而由於「怨」表達某種心理感受，「直」相對於「怨」，亦應涉及對於某種心理狀態的描述。

此外，孟子主張人不應「為其所不為」、「欲其所不欲」的說法，表現出其對於道德信念和道德感受一致性的重視。在「瞽瞍殺人」一例中，我們可見到，舜在做出帶老父遠走避行的道德抉擇之後，「終身訢然，樂而忘天下」，當中表現出安適自得的道德感受。此外，孟子以「直」說明人如何養其浩然之氣，使心中沒有虧欠之感，同樣表達一種自足的道德感受。對儒家而言，在道德衝突中採取的「權」乃是因應道德要求而有，且被視為一種合於道的道德抉擇，則行權者自無前文提及有關道德衝突抉擇下的行動者所產生的負面心理問題。對儒家而言，「汝安，則為之」（《論語・陽貨》）。反之，「行有不慊於心，則餒矣」（《孟子・公孫丑上》）。

基於上述，筆者認為，在「其父攘羊」一例中，孔子所言的「直」，更可能指向類於 Williams 所言的「人格整全性」（integrity）概念，亦即，將自己的道德感受、道德信念和道德籌劃相互關聯起來，使其達成協調一致的狀態。

（三）「人格整全性」之意義

「人格整全性」（integrity）的概念是 Williams 在批評效益主義時所提出的概念。Williams 認為，效益主義者要行動者在某些特定的道德衝突處境中，為了遵守效益原則或履行「消極責任」，必須不顧自己的道德感受、道德信念或生命籌劃，去做他所厭惡做的行為，如此將侵害行動主體的「人格整全性」。〔註 47〕

針對這種質疑，效益主義者的回應是：行動者根本不該出現這些心態，因為，這些心態是不理性的。效益主義者強調，若行動主體依照效益原則，在考量行動的最大效益後，做出道德判斷及道德行動；那麼，這些經過效益計算後的行動，便是理性的行動。就算在行動結果中，有些不盡如人意之處，行動者也不需對此感到自責或遺憾。效益主義者認為，我們不應去鼓勵道德行動中的負面情緒，因為它們是不理性的。並且，那些負面的情緒或感受，也不應被納入我們對於行為效益的估算之中。因為，即使我們將其納入評估，其影響也微乎其微；充其量，它們不過是一些經驗中的感受而已。此外，效

〔註 47〕Bernard Williams, *Moral Luck: Philosophical papers*, p. 40.

益主義者也批評，為了維護「人格整全性」而放棄實踐「效益原則」，是一種「自我縱容的人格潔癖」（self-indulgence）。

然而，Williams 強調，行動者對於「人格整全性」的重視，並非出於效益主義者所批評的那種「自我縱容的人格潔癖」（self-indulgence）。「人格整全性」對於道德活動而言，並非可有可無。反之，「人格整全性」是建立道德生活的必要條件。〔註 48〕Williams 批評，效益主義者之所以無法正視「人格整全性」，是因為他們無法融貫地說明個人意圖與其行動之間的關聯性。所謂「個人意圖」，並非只是思及個人的利益或目的取向。Williams 強調，個人的籌劃、目的和需求並非皆「為了」個人利益而成立，而毋寧是針對「我是什麼」的問題，進行深思熟慮。〔註 49〕

Williams 也強調，「人格整全性」並非作為人的德性（virtue）；它並未像仁慈或慷慨等德性，具備產生道德動機的道德傾向（moral disposition）。我們不會說，我們是「為了」「人格整全性」而去施行一項道德行動。「人格整全性」也不是所謂「執行面的德性」（executive virtue），如：勇氣、自制……等，這些德性雖未直接產生道德動機，但是能促使一個人由動機產生行動。Williams 提到，「人格整全性」是人類的一種特質（property）。然而，「人格整全性」並非如同一般的道德動機，直接推動道德行動，我們應該以一種反身性的方式思考它。

Williams 主張，我們可在概念上對於以下兩者做出區別：第一序的、直接的道德動機（德性），以及第二序的、反思性的人格狀態（人格整全性）。第一序的道德動機，需要有某種自我尊嚴作為其基礎，而這種自我尊嚴關涉到第二序的人格狀態，而在一定程度上涉及心理學的問題。〔註 50〕一項成熟的決定，並非只著眼於道德原則。我們必須了解，行動主體在面對任何道德原則或行動模式時，其內心同時具有對其生命狀態的深刻籌劃。一個具備「人格整全性」的人，能夠對於自己在道德行動中的反應、衝動和籌劃，進行自我理解。〔註 51〕基於這種由「人格整全性」而來的自我理解，一個人便能從

〔註 48〕J. J. C. Smart & Bernard Williams, *Utilitarianism: For and Against*, pp. 116～117.

〔註 49〕Bernard Williams, *Ethics and the Limits of Philosophy*（Cambridge, Mass.: Harvard University Press, 1985）, p. 200.

〔註 50〕Bernard Williams, *Moral Luck: Philosophical papers*, pp. 46～49.

〔註 51〕J. J. C. Smart & Bernard Williams, *Utilitarianism: For and Against*, pp. 118.

自身強烈的傾向和動機中產生行動，並且具有能夠產生該行動的德性。〔註52〕

由上可知，「人格整全性」一方面涉及道德主體對於自身道德感受與道德信念的把握，另一方面，亦指道德主體通過對於自我籌劃過程的反思，達成自我理解，並建立自我尊嚴。一個正在進行道德活動的行動主體，不應將他自身和他的行動割裂開來，不應爲了委身於某種道德原則，完全無視他自己的感受和信念。

要注意的是，Williams 澄清，對於「人格整全性」的重視，並不會陷入道德上的唯我論或利己主義。「人格整全性」的概念，毋寧在提示我們，在進行道德活動的同時，必須有對於自身作爲道德主體的反省。我們可以將這種關於自身的反省，指向一個更廣義的人性概念。Williams 強調，對於人性的反省，將有助於建立一個正確的道德觀點。若沒有對於人性的考量，我們將無法形成任何的道德概念。然而，我們對於人性的思考，並沒有一個直接的、特定的途徑。我們只能就著人的品格（character）、意向（disposition）、社會建置活動（social arrangement）以及人們將價值合理地置放於其中的種種事態（states of affairs which men can comprehensibly set value on）等全面發展時，是否能彼此一致（consistent）的問題，從中考量人性。〔註53〕

易言之，我們可以將「人格整全性」視爲一個動態的概念，意指人性的意義必須通過行動的脈絡來理解，我們無法在脫離道德實踐活動的狀態下，去理解「人格整全性」的意義。Williams 一再強調「人格整全性」的第二序性格，即在強調我們必須在道德活動中，考察自己的道德感受、道德信念及行動籌劃，從而把握自身的「人格整全性」。基於「人格整全性」，我們將得以建立自我尊嚴，作爲一種深層的道德力量，支持我們不斷進行道德實踐。

（四）「直」作為「人格整全性」

在儒家「親親互隱」的行動中，我們見到了，行動者身處於父子相親、兄弟相愛的倫常關係及社會禮制之中，而這構成一個廣袤的意義背景，深刻影響道德行動者的「人格整全性」。舜之所以無法棄父親及兄弟不顧，是因爲父子及兄弟關係已滲入其生命發展過程當中，並成爲其道德生活的自我籌劃的一部份。

〔註52〕Bernard Williams, *Moral Luck: Philosophical papers*, p. 49.

〔註53〕Ibid., pp. 66～67.

爲何儒家要在道德衝突中堅持「親親互隱」？儒家強調「仁者人也，親親爲大」(《禮記・中庸》)，「不得乎親，不可以爲人」(《孟子・離婁上》)，亦言「於不可已而已者，無所不已。於所厚者薄，無所不薄也」(《孟子・盡心上》)。何以如此？筆者認爲，一方面，儒家著眼於人與自己親人的生命關係，由此而有一種建立在親屬關係上的道德感受。如孟子有言：「人之所不學而能者，其良能也。所不慮而知者，其良知也。孩提之童，無不知愛其親者，及其長也，無不知敬其兄也。」(《孟子・盡心上》)。又如在《論語》「三年之喪」一事中，孔子認爲，堅持「三年之喪」的主要原因，並非全基於對傳統禮制的遵從，而是由於做子女的人，必須通過三年之喪，才得以稍釋對於親人逝去的遺憾。孔子並且反問宰我，是否能安於一年之喪？從孔子的質問中可見，孔子欲點醒宰我，必須對於自己道德感受和道德籌劃是否一致進行反省。

蓋人之愛親是一種自然而然、不需通過學習的道德感受。正因其本於自然，因而無法輕易抹滅。儒家在道德困境的抉擇中，之所以無法不顧及親人，是因爲「愛親」這種自然的道德感受，已然成爲我們「人格整全性」的一部份。若我們在道德行動的籌劃中，完全漠視這種道德感受，只就著普遍的道德原則或結果效益來考量，而做出行動；那麼，即使該行動有道德意義，我們卻將在這種道德感受與道德籌劃不一致的自我生命割裂中，失去我們的「人格整全性」。

對於儒家而言，「證人攘羊」可能會是一個道德上對的決定，但「證父攘羊」則不然。因爲要一個做兒子的人，出面舉發自己的父親，將嚴重違背他的道德感受。同理，舜贊成「殺人者入獄」是道德上對的判決，因此不會阻止皋陶抓自己的父親；但舜卻無法眼見自己的父親受刑而不顧。爲了要盡力讓父親脫身，舜將不惜放棄國君之位。舜的作法或許在道德上引人非議，然而，筆者認爲，我們對於這兩個道德困境的解讀，不需過份著眼於執法公平與否的問題。這兩個事例更引人深入思考的是：在「攘羊」之例中，孔子爲何強調「父子相隱」能表現人之「直」？而在「瞽瞍殺人」之例中，舜爲何在負父潛逃後能「樂而忘天下」？此乃因儒家早已將基於親人關係而有的道德感受，作爲「人格整全性」(「直」) 的一部份；於是，儒家的「親親」之行，能在儒家對於「人格整全性」(「直」) 的堅持中得到證立。

歸言之，「不忍人之心」和「正名原則」雖是儒家在道德衝突情境中進行道德抉擇的理據；然而，「不忍人之心」和「正名原則」並無法窮盡說明儒家在道德衝突中的倫理思考。對此，通過 Bernard Williams 所提出的「人格整全性」來解釋儒家的「直」概念，或許是我們在處理「親親互隱」這樣引發爭議的行動抉擇時，可以援引和參照的另一項詮釋資源。儒家的「親親互隱」，反映出倫常關係及社會禮制同時構成一個廣袤的意義背景，深刻影響道德行動者的「人格整全性」（integrity），而「人格整全性」是道德實踐不可或缺的必要條件。因此，在「封之有庳」、「其父攘羊」、「瞽瞍殺人」等道德衝突的代表事例中，我們能見到儒家不僅審視人之道德存心如何，而亦考量行動者在行動過程中如何維持並表現其「人格整全性」（「直」），而這是我們在討論儒家的倫理思考時不可忽視的重要面向。

第四章　道德衝突問題之反思：以西方倫理學爲導引

汝安，則爲之。
——《論語．陽貨》

仁者先難而後獲，可謂仁矣。
——《論語．雍也》

第一節　西方倫理學對「道德衝突」的論述

中、西倫理學中皆出現過對於道德衝突問題的討論，雖然雙方對於道德衝突之思考與解決方式有所分別，但足以見得中、西倫理學對於道德具體實踐面向之關注。本章主要就西方倫理學與儒家對於「道德衝突」的解決之道，進行對照反思。首先引介西方三個主要的倫理學理論——效益主義（Utilitarianism）、義務論（Deontology）與德性倫理學（Virtue Ethics）——對於道德衝突問題之思考與解決方式，從中反省其理論得失。再就上述討論內容及相關思想補充資源，歸結出解決道德衝突問題的幾項可能依準：普遍性（universality）、具體性（specificity）、融貫性（coherence）、人格整全性（integrity）以及道德的證成性（moral justification）。最後，循著「道德原則的應用問題」與「道德實踐中的主體問題」兩大思考脈絡，運用上述判準，對於儒家在道德衝突中之經權辯證，進行反思與評論。

一、義務論的觀點

（一）道德責任出自「定言令式」

義務論者與目的論相互對立。就行動之目的而言，義務論者主張道德不爲它求，道德行動本身即是目的，即具內在價値。反之，目的論者主張，道德行動是爲了達致某些外在價値或「非道德」的目的；換言之，道德只是用以追求外在事物（如：快樂、幸福、名位、財富……）的工具或手段。再就行爲之規範來看，義務論者主張，人能通過實踐理性（理性在實踐活動中的運用），主動頒發律則（道德律）給自己並遵從之，道德建立於自由意志與「自律原則」（principle of autonomy）之上。反之，目的論者則將道德建基在外在於自我道德意志之律則，如：自然律、政治立法、社會規範等。

每一個行動皆有其目的，當我們自覺爲達致此目的而作出行動時，我們是基於某種原則而行動，此主觀的行動原則被稱爲「格準」（maxim）。康德主張，當我們作一行爲時，若該「格準」或「主觀原則」是我們意願它成爲普遍律則的，則該行爲便是道德的。此時，我們所遵循的律則爲「定言令式」（Categorical Imperative）。「定言令式」可被表述爲：你應當只依循你能同時意願它成爲一項普遍律則的那項「格準」而行動。作爲理性命令下的「可普遍化原則」（Principle of Universalizability），「定言令式」沒有任何具體內容。然而，它並不排斥欲望、感情或心理意願，也不排斥主觀的、有具體內容的行動原則，惟要求這些感性內容或主觀原則能被普遍化（universalize），成爲對一切理性存在者皆有效的道德原則。〔註1〕

康德強調，人能意識到「定言令式」作爲一道德法則，眞實存在於我們的道德生命之中，此乃一「理性底事實」〔註2〕。「定言令式」有救正或校準格律的作用，也反映出道德的無條件性。道德判斷的依據不在主觀偶然的目的，而在於純粹的概念法則。通過對於此普遍道德律則的意識，人肯定自身具有自由意志，能獨立於自然律則之外，依據自我頒布的「定言令式」而行動，此即「自律原則」。「自律原則」除了彰顯出人類具有自由意志，也表明了人類的道德責任的方向，亦即服從「定言令式」而行。〔註3〕

〔註1〕參見陳特：《倫理學釋論》，頁242～244、261。

〔註2〕關於「理性底事實」（Faktum der Vernunft）在康德倫理學中之意義闡述，參見李明輝：〈康德底道德思考〉，收入李明輝：《康德倫理學與孟子道德思考之重建》（臺北：中研究文哲所，1994年），頁45～57。

〔註3〕關於康德「定言令式」的意義，以及當代倫理學家對於「定言令式」的批評，參見陳瑤華：〈爲甚麼我應該合乎道德——康德的定言令式之意義〉，《歐美研究》第32卷第1期（2002年3月），頁155～186。陳瑤華先生並在此文中針對當代倫理學如芙特（Phillippa Foot）及威廉斯（Bernard Williams）對於「定言令式」的質疑部份（芙特主要質疑「定言令式」的無條件性及客觀性，認

（二）「絕對責任」之下的道德衝突難題

「定言令式」所涵蘊的普遍性及一致性（consistency）原則，引申出了「絕對責任」（absolute duty）的概念。當我們依循那些我們意願其被普遍化的「格準」而行動時，該行動對我們顯示爲一「絕對責任」。「絕對責任」之爲「絕對」，在於強調「不容例外」，亦即，在任何時空環境之下，我們皆須履行該項責任。然而，「絕對責任」的要求，使得「道德衝突」對於義務論者而言，成爲了棘手的難題。若我們在行動情境中同時面臨兩項「絕對責任」，其中，沒有任何一方明顯凌駕（override）另一方，則我們將難以決定自己應當採取何種行動，而這毋寧是義務論者在解決「道德衝突」時，必須遭遇的理論挑戰。

針對義務論在解決道德衝突問題上的困難，有論者爲之作出同情的辯護。如陳特先生便提到，在道德衝突情境中，當兩種行爲選擇皆合乎定言令式，皆出於善的意志時，定言令式無法告訴我們該如何作決定；此時，如何選擇或作決定，就不是定言令式能解決的問題了。然而，若我們將此視爲義務論的道德理論的缺陷的話，則許多道德哲學都有此種缺陷。當發生道德衝突時，如何作決定，就已非道德的問題了，而可能是利害的問題。但是，當兩項行動的道德價值相等，利害價值亦相等時，行動者將無從進行抉擇，此時，徒突顯出人之有限性。〔註4〕

針對上述說法，筆者以爲，我們誠然不能無視於人作爲一有限存在，在道德實踐上所可能面臨無所逃的悲劇情境；然而，我們亦應通過理性的反思，來檢討義務論者在處理道德衝突問題上，是否遭遇內部的理論困難。首先，義務論者以「絕對性」和「普遍性」作爲道德律則之核心內涵，將道德律則視爲對所有理性存在者皆有效之客觀原則。但由於普遍的道德律則不涉及主觀或經驗成份，強調法則而忽略關係，過於抽象而缺乏具體內容，以致於行動者在面臨道德衝突時，無法在各個皆具普遍性的對稱責任之間作出取捨，以解決道德衝突。

爲「定言令式」嚴格約束力其實原自於道德教育；威廉斯則批評道德的「外在論者」，認爲並不存在獨立於行動者的動機和目的之外的客觀理由）作出了釐清與回應。相關的討論另參見 Phillippa Foot, *Virtues and Vices and Other Essays in Moral Philosophy*（Berkeley: University of California Press; Oxford: Blackwell, 1978）, pp. 148～156. 以及 Bernard Williams, *Moral Luck: Philosophical papers*, p. 101～113.

〔註 4〕參見陳特：《倫理學釋論》，頁 261。

退一步說，當發生道德衝突時，道德取捨可能轉變為利害取捨，則如此便意謂著，我們無法在所有道德情境中貫徹義務論之道德信念和道德原則。然而，筆者以為，在一個完整的道德理論之中，道德原則必須具備融貫性和一致性。倘若一旦發生道德衝突，我們便由義務論轉向效益主義的考量，那麼，一來顯示出義務論在應用上有其侷限；二來我們也必須面對這樣的質疑：若利害或效益可作為行動之考量因素，我們為何不以效益原則作為行動之一貫原則，而僅將其作為第二序的行動原則？此外，效益原則若被作為第二序的行動原則，則其是否有道德地位（moral status）可言？若無，則表示我們在道德衝突中亦可不作利害考量；若有，效益原則又如何與義務論之非目的論的理念相容？究言之，義務論者在面臨道德衝突時，不是處於左右為難的窘迫境地，便是可能遭受理論內容缺乏完整性或融貫性〔註5〕的批評。

二、效益主義的觀點

（一）道德責任出於「效益原則」

「效益主義」以「效益原則」（principle of utility）為判斷道德之依據。「效益原則」又常被稱為「最大快樂」之原則，亦即主張以「促進最大多數人的最大快樂」為道德行動之目的。有些學者（如：John Rawls）有見於效益主義在具體運作時可能與一般人之道德信念相違（如：我們可能為了獲得多數人的快樂而放棄法規或任意違反信諾），而認為應將個別行動與道德規條分層思考，進而區分出「行動效益主義」和「規則效益主義」。前者主張我們所有的行動（包含遵循法律規條或道德規則）皆以達致最大效益為目的；後者主張法律規條或道德規則雖出自效益原則，但規則一旦被訂出，則我們的行動應以規條或規則為準。不過亦有論者（如：J. J. C. Smart）反對如此區分，認為我們恪遵規則之行為最終仍原自效益原則，因此堅持只有「行動效益主義」的存在，而不接受「規則效益主義」。〔註6〕

〔註5〕這裡所說的「融貫性」（coherence），是指道德理論體系中的道德原則或道德行動者的道德信念之間，是相互一致而沒有衝突的。

〔註6〕參見陳特：《倫理學釋論》，頁69～86。除了「行動效益主義」和「規則效益主義」外，效益主義另發展出新型態之「取捨效益主義」，即是以取捨（或欲望）之滿足為效益，而「取捨之滿足」不限於「現時為現時」（即現時對於現時發生之事物之取捨）及「居時為居時」（即將來某時對於居時發生之事物之取捨），更包含「現時為居時」（考慮所有受影響的人將來之取捨）的取捨之滿足。參見黃慧英：《道德之關懷》（臺北：東大圖書公司，1995年），頁35。

（二）由「消極責任」引發之道德困境

黃慧英先生曾分析出效益主義的四個組成要素，分別是：一、後果成素，主張行動之對錯取決於其造成之後果。二、價值成素：後果之好壞由某些內在之好壞標準〔註7〕來加以評價。三、範圍成素，主張行動者必須考慮所有可能受行動後果影響的人。四、效益原則，主張行動者應盡量使好的內在價值最大化。除了突顯效益主義之目的論與結果論之特性外，第三點成素亦值得注意，因爲當中提示出效益主義所抱持的一種特殊的責任觀點——「消極責任」（negative responsibility）。所謂「消極責任」，主要包含以下內容：

第一、在我能力所及的行動範圍內，我必須對那些我允許其發生，或是我不去阻止其發生的事負責；並且，將這些事視同由我親自做出。

第二、作爲一個負責任的道德主體，我必須在同等的基礎上對上述事情加以深思熟慮。

第三、我要考慮的是世界中所包含的種種事態，考量這些事態與我自身行動的關聯。亦即，我必須考慮：哪些事態會因爲我的行動而產生？哪些事態會因爲我不去行動而產生？

第四、在上述的考量中，我們並不考慮在我們行動的因果序列中，是否有其他行爲主體涉入其中。

要之，「消極責任」是將那些並非直接來自我們的行動，但是間接牽涉到我們行動的事態結果，皆納入我們的責任範圍，並要求行爲主體必須爲他允許其發生或未阻止其發生的事態結果負責。「消極責任」的主張透露出一種極端的「無私原則」（principle of impartiality），亦即，牽涉到一連串事態中的行爲者、允許行爲發生者以及未能阻止行爲發生者，皆一視同仁地看待，並要求他們皆須爲最終的事態結果負責。但如此一來，效益主義似乎涵蘊著：人必須對改善世界負起無窮的責任。而這顯然在現實上無法達成。因此，「消極責任」逼顯出此一問題：我們應如何對於人所應承擔的責任範圍作出限制？〔註8〕

〔註7〕邊沁曾提出七個衡量快樂或痛苦的標準，分別是：1. 強烈性；2. 持久性；3. 定性；4. 接近性或遙遠性；5. 豐富性；6. 純一性；7. 範圍。但許多學者對此七項關於快樂之量化標準在道德性動情境中的實用性提出質疑。如：人們在同一行動中對此七項有關快樂的衡量標準之感受可能各有差異。又如：在不同的行動抉擇的快樂計算中，此七項標準可能有不同的消長變化，導致行動者難以做出抉擇。參見陳特：《倫理學釋論》，頁 58～67。

〔註8〕J. J. C. Smart & Bernard Williams, *Utilitarianism: For and Against*, pp. 109～110.

效益主義的批評者 Bernard Williams 提出兩個思想實驗，分別展示兩個道德衝突情境，其設計用意，皆在對「消極責任」的概念提出挑戰。

首先是喬治的例子。喬治體弱多病，擁有一個妻子和多名子女。他剛拿到化學博士學位，卻處於失業狀態。一日，有位化學家邀請他加入一個專門研發生化武器的實驗室。若喬治同意接下工作，優渥的酬勞將可使他立即解決燃眉的家計問題，而喬治的妻子並不反對喬治接下此工作。然而，就喬治本身而言，他是人道主義者，一向反對將生化武器用於戰事。因此，參與生化武器的研發，將嚴重違反他個人的道德信念。然而，若喬治拒絕這個工作，家中的經濟問題依舊無法獲得解決；並且，就算喬治不接下這個工作，實驗室並不因此而停擺，照樣有其他人會接下工作，而這個取代喬治接下工作的人，可能不若喬治富有人道精神。相反，他可能是位好戰份子，或是生化武器狂熱份子，將研發出更駭人的武器。

站在效益主義的立場，喬治應該接下工作。如此，一方面可照顧自己的家人，另方面也可以讓實驗室的工作免於落在某位狂熱份子之手。無論是爲了家人或爲了大眾著想，喬治似乎都應接下工作，這麼做將產生最大的行動效益。然而，喬治的困境在於他本身極其反對生化武器。對喬治而言，他將無法接受：有一天，由實驗室所研發的生化武器，可能被使用在戰場上，殺害許多無辜的人，而他曾經參與這些武器的研發。

第二個假想事例，展示一個更加極端的道德衝突情境。吉姆到一個南美小鎮觀光。當他進入小鎮時，見到二十個待槍決的印第安人沿牆而立。此時，一位名叫佩卓的指揮官，正站在一旁，隨時準備發令處決這二十個人。事實上，這些印第安人並沒有犯罪。他們之所以要被處決，是因爲小鎮的居民有排除異己的風氣和觀念，而這二十個印第安人，是無辜的犧牲者。當吉姆出現時，佩卓一眼注意到了吉姆，並對吉姆說，基於吉姆是外來遊客，他特地給吉姆一項特權：吉姆可挑選並槍殺其中一個印第安人，若吉姆答應去做，則其他十九位未被挑中的印第安人將可免於一死。現實的狀況是：吉姆身上沒有武器，佩卓身旁士兵林立。顯然，吉姆無法力拼佩卓一夥人，而被縛的印第安人，也無法群起反抗。那麼，吉姆該爲了讓十九個印第安人免於一死，對其中一個印第安人開槍嗎？Williams 提到，站在效益主義者的立場，吉姆應該開槍。因爲，犧牲一個印第安人，總比

犧牲二十個印第安人有較大的效益。問題是：吉姆是無端被捲入此事件的，更重要的是，吉姆根本不想殺人。〔註 9〕

對一般人來說，第一個例子中的喬治，似乎沒有第二個例子中的吉姆來的左右爲難。從各種觀點考量，喬治接下工作似乎合情合理。就算是非效益主義者，可能也會基於效益原則之外的其它原則，主張喬治應接下工作。但是，在第二個例子中，針對吉姆是否應該開槍的問題，似乎就存在許多爭議。站在效益主義者的立場，基於可以挽救十九條生命這個效益（utility），吉姆應該對其中一位印第安人開槍。然而，Williams 認爲，無論在哪一個例子中，效益主益者的主張皆大有問題。

首先，在吉姆的例子中，若吉姆開槍，固然可以保全十九個印第安人的生命（如果佩卓守信的話）；然而，這個結果將對那個不幸被吉姆選中開槍的人，極不公平。再者，就算吉姆不開槍，而最終結果是佩卓開槍殺了二十個印第安人，吉姆也不必爲這個悲劇負責。畢竟，決定開槍及實際開槍的人是佩卓，而非吉姆。效益主義者若要求吉姆在此困境中做出決定，並要求他承擔責任，將反倒使得眞正必須爲結果負責的佩卓，得以減輕或逃避責任。而這對吉姆而言，並不公平。

回到喬治的例子，若喬治基於他的道德信念，決心拒絕參與實驗室的工作，就算最後接下工作的人果眞是個極端狂熱份子，協助實驗室研發出了威力可怕的生化武器，並用於戰場上殺害大量無辜百姓，Williams 認爲，我們也沒有理由指責喬治未能阻止狂熱份子所作的事，而要求他對此一結果負責。

Williams 所設計的兩個思想實驗的共通之處在於：若處於道德衝突困境中的行爲主體不去採取某種行動，將可能導致更壞的結果；效益主義者認爲，該行爲主體必須爲這個更壞的結果負責。然而，上述的例子反映出兩個問題。其一，效益主義者可能爲了讓整體利益最大化（maximize），不惜犧牲少數人。

〔註 9〕有人也許會批評，Williams 對於這兩個道德困境的設計有缺陷，而其中似乎有乞求論點之嫌；因爲，它們任意切斷或限制行爲主體的選項範圍，亦未明確交代情境發展的來龍去脈。對此，Williams 回應說，這是我們在思考道德議題時，難以避免的限制。然而，這類相關的思想實驗或道德情境設計，在我們的道德討論中扮演重要角色。在對於這些道德極端困境的思考中，我們所應關切的並非問題的答案；而毋寧要去注意，我們在解決問題時，究竟是通過何種方式或是根據哪些因素提出我們的道德判斷。

其二，效益主義者只注重從效益來衡量人的道德行動及責任歸屬，卻漠視一般人對於「責任」概念的基本觀點。

在思考「責任」概念時，一般的觀點是：我們應該爲依自己意願去做的行動負責。其中又有四點考量：一、行動者是誰？二、行動者是否具有自由意志？三、我們在行動情境中的控制能力如何〔註 10〕？四、我們必須對自己的所做所爲負責，而非對他人的行爲負責。Williams 提到，若一個人的生命總是受制於他人所引起的事態（state of affairs），並被要求對事態因果序列中發生的一切事情都負起連帶責任。那麼，很難想像，一個人如何在此一嚴峻的道德要求之下，做出眞正令人滿意的道德行動。效益主義者「消極責任」的主張，混淆了人們道德責任之歸屬。

Williams 進一步提到，「消極責任」的主張破壞了行爲主體的「人格整全性」（integrity）。所謂「人格整全性」，一方面牽涉道德主體對於自身道德感受與道德信念的把握；另一方面，亦指道德主體通過對於自我籌劃過程的反思，達成自我理解，並建立自我尊嚴。在一項道德行動中，行動者因爲某種道德上的動機或目的而產生行動，而行動者的道德動機，又與其道德感受及道德信念相關。易言之，行爲主體的道德感受、道德信念與道德行動之間有一致的關係（consistency）。Williams 之所以認爲「消極責任」會傷害行爲主體的「人格整全性」，是因爲在某些道德衝突情境中，行爲主體爲了遵守效益原則，必須不顧自己的道德感受和道德信念，去做他在道德上厭惡做的行爲。〔註 11〕此時，行動者會升起一些負面的心理感受，認爲自己做了錯事，爲此感到自責。在前面兩個例子中，喬治若接下工作，吉姆若開了槍，他們將對自己的行爲感到不安和遺憾。

Williams 批評，效益主義者刻意忽視行爲主體的道德感受與道德信念，是自我推翻（self-defeating）的做法。首先，我們的行動與世界的聯繫，很大程度建立在道德感受和道德信念上。若我們依循效益主義的觀點，排除這些道德感受及信念，我們也將因此失去自己作爲道德行爲主體的身份，無法眞正

〔註 10〕一般的觀點認爲，在某些我們無法控制的情況中，我們並不需要對於事件的結果負起責任。然而，在一些關於「道德運氣」（moral luck）的討論中，有學者主張，缺乏控制原則，並不能使人完全排除道德責任。只是，這時我們所應負擔的道德責任，並不類於那些在控制原則下的行爲主體所必須負擔的責任。

〔註 11〕Bernard Williams, *Moral Luck: Philosophical papers*, p. 40.

落實道德行動。再者，若效益主義所計算的效益，是指那些能夠滿足人的快樂感受的內容；那麼，對於效益主義而言，關於行爲主體的感受之考量，是不應當被排除在外的。若行爲主體接受了「消極責任」，做出與自己道德感受和信念相違的事，從「長遠效應」（remote effect）看來，他的生命可能從此受該事件影響，有揮之不去的「行動者遺憾」（agent regret）〔註 12〕，再不能回復先前的人格狀態。

此外，效益主義者不關心行爲主體的身份，只顧及行動的效益。在行動過程中，當有他人的籌劃介入時，效益主義要求行爲主體必須從他自身的籌劃中退讓，考量行動過程中其他人的籌劃，並依循效益原則的要求，求取結果效益的最大化。此時，行爲主體遠離了他原初的道德信念，而我們將無法有效識別行爲主體本身的籌劃和態度。

有人認爲，即便如此，亦不意謂我們能成功反駁效益主義。因爲，效益主義者可能聲稱，爲了顧及某些重要的普遍價值，我們可以暫時忽略「人格整全性」的問題。然而，Williams 強調，「人格整全性」對於道德活動而言，並非可有可無。一個正在進行道德活動的行爲主體，不應將他自身和他的行動割裂開來，不應爲了委身於某種道德原則，完全無視他自己的道德感受和道德信念。「人格整全性」是建構道德生活的必要條件，一個無法保持「人格整全性」的人，亦將無法建構他自身的道德生活。〔註 13〕

Williams 認爲，效益主義者之所以無法正視「人格整全性」，是因爲他們無法融貫地說明「個人意圖」與其行動之間的關聯性，這才是效益主義的最大的問題癥結所在。所謂「個人意圖」，並非只是思及個人的利益或目的取向。Williams 強調，個人的籌劃、目的和需求並非只是「爲了」個人而成立。一個成熟的道德行爲主體，必須能自覺地對於「我是什麼」的問題，進行深思熟慮，並將此思慮的結果，表現於其道德生活當中。〔註 14〕

〔註 12〕Williams 區分出「一般的遺憾」（regret in general）和「行動者遺憾」（agent-regret）。前者是指一般人對於不幸事件的遺憾感受。後者則是指行爲主體對於他自身參與到其中的行動之不幸結果感到遺憾，無論此行動的參與是出於他自願或非自願。如：一個卡車司機會因爲自己撞到一名突然衝出路口的人而感到遺憾，雖然他並非故意撞到那名路人。參見 Bernard Williams, *Moral Luck: Philosophical papers*, pp. 27～28. 在吉姆的例子中，吉姆雖然並非自願參與到行動之中，但若吉姆開了槍，他將從此背負沉重的「行動者遺憾」。

〔註 13〕J. J. C. Smart & Bernard Williams, *Utilitarianism: For and Against*, pp. 116～117.

〔註 14〕Bernard Williams, *Ethics and the Limits of Philosophy*, p. 200.

三、德性倫理學的觀點

（一）以「德性」作為道德依據

西方倫理學自文藝復興和啓蒙運動之後，致力於通過人類的理性思辨，發展出以律則爲中心的倫理學理論體系，以規範行爲的正當性。對於道德問題的討論，圍繞在義務、責任……等概念之上，並只注重對於道德行動之正當性的檢視，卻忽視了關注行爲主體的生命狀態。有見於兩大規範倫理學理論在原則應用上的困難，當代倫理學中出現了反理論之聲，針對效益主義者和義務論者運用道德原則爲道德行動訂定依據的作法提出批評。其中，以德性倫理學所引發的討論和迴響最多。

德性倫理學者認爲，規範倫理學者將道德行動和行爲主體割裂的作法，並不能構成一個完整、可欲的道德理論。他們因此主張，我們對於道德的追尋，應從「何謂一個正當的行爲」此一問題，回到「擁有何種品格特質才算是一個好人或有德者」的問題上。斯樂德（Michael Slote）提到，德性倫理學乃是以一種「基於行動者」（agent-based）的進路來看待和處理道德問題，其關注焦點主要在於「有德者」，以及使其成爲有德者的諸多內在品性（inner traits）、傾向（dispositions）及動機（motives）。〔註 15〕換言之，不同於原則主義者（如：義務論者或效益主義者）將道德原則作爲道德行動之判準；德性倫理學者認爲，道德判斷不能脫離行爲主體的情感與動機，並主張以行動者之「德性」（virtue）作爲道德判斷與行動抉擇之依據，可謂當代道德哲學中一種「德性的轉向」或「德性的回歸」。〔註 16〕

何謂「德性」？回溯西方倫理學傳統，亞里斯多德主張，「德性」是表現於習慣行爲中的品格特徵，也是追尋「幸福」的條件。因應不同的生活型

〔註 15〕參見 Michael Slote, *Morals from Motives*（Oxford: Oxford University Press, 2001）, p.4.

〔註 16〕關於「德行倫理學」的興起，一般認爲與安斯康（G. E. M. Anscombe）在 1958 年發表的 "Modern Moral Philosophy" 一文中試圖喚起人們對於古代「德行」觀念的重新重視有關。參見 G. E. M. Anscombe, "Modern Moral Philosophy," *Philosophy* vol. 33, no.124（Jan 1958）.安斯康在此文中也對康德之「定言令式」提出質疑。在她看來，以理性的命令或法則形式，規定道德上的對或錯，忽視人的情感、傾向或欲望，如此做法並不合乎道德的意涵，亦不利於道德教育之發展。安斯康之說帶動了西方倫理學界對於康德式倫理學及效益主義的反省和討論。

態，在不同的社會中，可能有不同的德性清單。然而，基於人有共同的基本需求，有些德性是被所有社會普遍認可的，如：勇氣、誠實、忠誠……等。〔註 17〕

當代德性倫理學者麥肯泰爾（Alasdair MacIntyre）曾以三階段的德性理論來闡述「德性」概念：一、「德性」是那些使人在實踐活動中得以達致事物「內在價值」的人格特質。二、「德性」是有助於增進人整體生活之「善」的那些特質。三、對於「善」之追求，必須在一個持存而延續的社會傳統中進行，方能使「善」得以被闡明。麥肯泰爾強調，被視為「德性」的品格特質，必須滿足每一階段的條件。〔註 18〕

首先，「德性」使人得以發掘事物的「內在價值」（internal goods）。相對於「外在價值」或「工具價值」，「內在價值」指向事物或活動本身的存在意義。例如，一項救人的行動，從工具價值的觀點看，可能是出於效益原則的互利行為。然而，具備勇氣和慷慨等德性的行為者不會在救人前計算利害或結果。救人行動出於行動者內在的道德傾向或動機，而行動者亦得以在救人的行為中，體察道德行動本身之「內在價值」。

再者，「德性」必須有益於整體人生。一個具備「德性」之人，會在行動中同時思考和探問：對其自身而言，何謂「善」的生活？「德性」的發展與生活中的各個關係型態息息相關，而「德性」有助於將這些關係做出整合。

最後，麥肯泰爾強調「德性傳統」的重要性。對於「善」的理解和解釋，必須在一個不斷追求「善」的社會傳統中進行。「歷史」和「傳統」提供了棲居於其中的人們理解「善」的資源，而此「德性傳統」即使面臨時代挑戰或其它的「德性傳統」之競逐，亦能藉以不斷進行自我理解或重構。

要之，不同於義務論者或效益主義者以道德行動為焦點，通過道德律則或行動結果來衡量道德行動；德性倫理學將關注的焦點置於道德主體上，強調道德主體必須在道德行動之中不斷磨練其實踐智慧，發展出道德人格特質，以因應行動環境中的各種具體問題。

〔註 17〕參見 James Rachels 著、Stuart Rachels 修訂、楊宗元譯：《道德的理由》（*The Elements of Moral Philosophy*）（北京：新華書店，2009 年），頁 179～189。

〔註 18〕參見 Alasdair MacIntyre 著，宋繼杰譯：《追尋美德》（*After Virtue: A Study in Moral Theory*）（南京：譯林出版社，2008 年），頁 309～314。

(二)「德性」概念欠缺行為指導性

德性倫理學之優點在於重視行爲主體之人格，而非將行爲主體與道德行動分離開來。然而，德性倫理學之主張本身亦面臨不少理論挑戰，其中，最主要的質疑在於：德性倫理學似乎難以明確界定何謂「德性」？德性倫理學家反對通過律則所建立的道德合理性，然而，對於「德性」的基礎或理據爲何的問題，卻也無法提出令人滿意的答案。以追求幸福人生或美滿社會爲目的之「德性」理論，經常遭受相對主義的批評。或謂「德性」之爲「德性」，仍需通過道德原則之檢驗。換言之，「德性」並非道德判斷之最終依據。〔註19〕

在處理道德衝突問題時，德性倫理學雖不像義務論者那樣，爲了服從「定言令式」，而徘徊於具有相等道德價值的對稱責任之間；亦不像效益主義那樣，因爲主張「效益原則」和無偏私性，而要人忽視自身的道德信念與生命籌劃。德性倫理學者重視行爲主體是否具有發自於內在人格生命的動機，如：眞誠、友愛……等，也能正視人在不同的社會關係（如：家庭關係、朋友關係……等）之中所面臨的特殊情感問題。然而，德性倫理學者似乎也難以通過「德性」來爲如何處理道德衝突提供充份的理據。當在道德衝突情境中遇到兩種「德性」表現相互衝突時——如：醫生對於病危的患者應表現誠實德性，對其具實以報？抑或展現關愛的德性，善意地隱瞞實情？——此時，德性倫理學所遭遇的兩難困境，著實類於義務論者。換言之，在遭遇道德衝突時，「像一個有德者那樣行動」的想法，無法明確指導一個人如何做出道德行動。〔註20〕

〔註19〕柯雄文先生認爲，就此而言，規範倫理學理論仍有不可抹滅的價值，因爲它明確提供了評估倫理傳統意義之準據。參見柯雄文：〈儒家倫理思想的概念架構〉，頁150。

〔註20〕赫斯特豪斯（Rosalind Hursthouse）曾針對德性倫理學缺乏行動指導性的質疑提出反駁。她認爲規範倫理學者主要批評德性倫理學缺乏「成文化的原則」（codifiable principles），只關切「是——Being」（我應當是何種人）的問題，而不關切「做——Doing」（我應如何行動）的問題；「以主體爲中心」（agent-centred）而非「以行動爲中心」（act-centred），以致無法對於行動者提供「行動指引」（action-guidance）。然而，赫斯特豪斯反對上述的區分，並以爲這樣的區分方式是將德性倫理學誤解爲是規範倫理學的補充。她試圖澄清，德性倫理學者確實通過「德性」（如：誠實 honest）及其「衍生規則——vice terms; v-rules」（如：做出誠實之事 Do what is honest）對於行動者提供行爲指導。此外，針對德性倫理學者被質疑無法解決道德衝突問題，赫斯特豪

第二節　「道德衝突」之解題線索

本節試圖通過上節之討論及其它倫理思想資源的補充，歸結出解決道德衝突問題的幾項判準。關於思想補充的部份，所納入的是 Richard Hare 所提出的兩層道德思維，以及 Williams 所主張的「道德的自我證成」。

一、兩層道德思維

（一）「道德衝突」的消解問題

當代倫理學者赫爾（Richard Hare）曾對如何消解「道德衝突」的問題做出反省和討論。首先，赫爾指出，一般人之所以認爲有不能消解的道德衝突，是將道德思維侷限在直覺層面。人們往往從道德直覺出發，認爲我們應該遵循道德原則 A’及道德原則 B’，因而認爲：我們「應該做行動 A」，並且我們「應該做行動 B」。但是，因爲我們做行動 A 將妨礙我們做行動 B，因此我們「不應做行動 A」；同理，我們做行動 B 會妨礙我們做行動 A，因此我們「不應做行動 B」。如此想法最終導出我們「應做行動 A 又不應做行動 A」，並且，我們「應做行動 B，又不應做行動 B」。

在此，我們似乎面臨不能消解的責任衝突，因爲我們無法同時完成「做行動 A」與「不做行動 A」（而去做行動 B）兩項責任；同理，我們也無法同時完成「做行動 B」與「不做行動 B」（而使我們得以去做行動 A）兩項責任。我們甚至可能直覺地認爲：無論我們做行動 A 或做行動 B，都將因爲自己無法履行另一項責任而感到「懊悔」（remorse）。〔註 21〕順著這種懊悔的心境，我們可能產生「存在著不能消解的道德衝突」此一看法。

然而，赫爾對此提出反駁。他說，當我們的道德思維處於直覺層面時，我們會認爲自己「應做行動 A 又不應做行動 A」，並且「應做行動 B，又不應做行動 B」，進而主張：我們應該「做又不做行動 A」，並且應該「做又不做行

斯認爲，這是規範倫理學者對於德性倫理學的過度苛責。她指出，規範倫理學者運用一套決策程序以解決道德衝突的做法，其所可能遭遇之困難和限制，並不少於德性倫理學在其解題進路中所面對的。縱使悲劇性的衝突無可規避，德性倫理學仍爲有德者提供了有意義的行動評估（action assessment）。詳細的討論參見 Rosalind Hursthouse, *On Virtue Ethics*（Oxford: Oxford University Press, 1999）, pp.1～88.

〔註 21〕參見黃慧英：《後設倫理學之基本問題》，頁 36～37。

動B」。然而，Hare 強調，這樣的主張是有問題的。因為，在現實上，我們顯然無法同時「做又不做行動 A」，也無法同時「做又不做行動 B」。基於倫理學中「應該蘊涵能夠」（"ought" implies "can"）之原則，「我們應該做又不做行動A」或者「我們應該做又不做行動 B」的主張是不成立的。〔註22〕因此，並不存在無法消解的道德衝突。

既然赫爾主張道德衝突是可消解的，那麼究竟應如何消解呢？對此，赫爾首先提到，在西方倫理學中，有論者主張，當行動者面臨道德衝突時，可以「限定法」或「排序法」來解決道德衝突。所謂「限定法」，是將我們的道德原則加以限定。例如，我們有如下的道德原則：我們不應做行動 A，也不應做行動 B。然而，若我們身處某一處境，在該處境中，我們無法同時避免做行動 A 或行動 B。於是，我們在衡量一切條件後，將原則修改為：我們應永不做行動 A，除非如此能避免做行動 B。「排序法」則是將不同的道德原則，排出實踐上的優先次序。如：我們應遵守「人應該永不做行動 A」此一原則，除非遵守它會違反「人應該永不做行動 B」的原則。在後一情況下，人便應違反前一原則。不過，赫爾認為，無論是用「限定法」或「排序法」來解決道德衝突都不可行，因為「限定法」皆將使道德原則變得繁瑣冗長，不利於行動者遵循；而「排序法」除了同具冗長之弊外，我們也無法確定，在不同的行動情境中，永遠可將道德原則安排為同一優先順序。〔註23〕

由赫爾對「限定法」和「排序法」的批評可以看出，赫爾反對那種主張抽離於具體行動情境的「絕對主義」式的道德原則，也不認為道德原則之間有一成不變的優先次序。關於道德衝突的解決方式，赫爾提出了他的建議。首先，他將道德思維區分為直覺層和批判層。在直覺層中，我們有一些基於道德直覺而產生的「初確原則」（prima facie principles），這些「初確原則」表現為一些簡單指令，指示我們的日常行動，如：人不可說謊、人應幫助他人……等。這些「初確原則」適用於我們一般的行動情境，但卻可能在某些情境中相互衝突，導致我們無法同時遵守不同的原則，做出這些原則要求的行動。

〔註22〕參見黃慧英：《後設倫理學之基本問題》，頁36。

〔註23〕參見 Richard M. Hare 著：〈道德衝突〉，收入 Richard M. Hare 著，黃慧英、方子華譯：《道德思維》（*Moral thinking*），頁42～44。

（二）通過批判思維消解「道德衝突」

赫爾主張，一旦我們面臨「道德衝突」，我們不應將道德衝突放在直覺層解決，而應將其置於批判層中，謀求解決之道。而其主要的運作方式大致是：一、用普遍的措辭詳盡描述行動處境。二、略去所有個體指謂，以使我們的描述性資料具有可普遍化的特性。三、通過設身處地的方式，考慮在行動情境中每位當事者之處境和好惡取捨。四、找出一個適用於所有當事人及所有相似處境的道德判斷。

赫爾樂觀地認爲，由於批判思維審愼考量了行動中所有相關的人物和事況，因此顧及了特定性，能具有行動效益主義的效力；同時，由於批判思維不牽涉到個體指謂，因此可將選取原則的方式普遍化，產生和規則效益主義相符的效果。〔註 24〕然而，從赫爾對於「道德衝突」所提出的解決方案看來，他所謂的批判思維仍以效益原則爲依據，因此亦無法免於被批評缺乏德性的考量，以及忽略了客觀獨立於經驗之外的內在價値。

然而，赫爾對道德衝突的解決之道，提示出我們在解決道德衝突時必須考量的兩項因素：普遍性及具體性（或特定性）。兩者是相容的，前者要求道德判斷必須能被普遍化，後者則牽涉到道德判斷的可應用性，指向具體的行動情境。〔註 25〕

二、行動之證成

（一）理性的證成（rational justification）

在人類一般的實踐行動中，當行爲者及其行動被視爲道德評價的對象時，行爲者被期待對其行動作出證成，以作爲道德評價的依據之一。關於行動的證成，Williams 提到，一個人可通過自身對於「內在運氣」和「外在運氣」的掌握，配合成功的行動結果，「理性的證成」（rationally justify）自己的行爲。Williams 對於運氣的區分，主要以行爲者的行動籌劃爲依據。他將運氣區分爲「內在運氣」（intrinsic luck）和「外在運氣」（extrinsic luck）。「內在運氣」是指內在於行爲者的行動籌劃之中的運氣，也就是那些在行爲者進行籌劃之

〔註 24〕參見黃慧英：《後設倫理學之基本問題》，頁 53～55。

〔註 25〕參見同上註，頁 82。另參見黃慧英：〈道德原則之建構與意義——以生命倫理之方法論爲例〉，收入黃慧英：《儒家倫理：體與用》，頁 25。

時，可被考慮進去的各種可能因素；相反，「外在運氣」則指在行為者的籌劃以外的運氣，亦即那些在行為者的行動過程中，突然遭遇的意外或偶發事件。而所謂「理性的證成」，亦即證明自己的行動是合乎理性的。

Williams 舉出兩個事例，試圖解釋「內在運氣」與「外在運氣」以及它們與行為者的行動證成之間的關係。首先是高更的例子。高更為了追尋他的藝術理想，離開家庭，遠渡重洋，到小島上生活，成功完成一幅幅流傳後世的偉大畫作；安娜．卡列妮娜則為了追尋她心目中的完美愛情，放棄原有的家庭、丈夫和孩子，和情人瓦倫斯基遠走，但最後因戀情未果、內心承受莫大壓力，而選擇結束生命。在這兩個例子中，高更的行動籌劃取得成功，安娜則失敗了。

Williams 認為，在高更的例子中，「內在運氣」多半取決於他自己，也就是他所擁有的繪畫天份。高更在做出離家的決定時，主要考慮的是他到小島生活是否確實有助於他發展繪畫天份。若他對自己的才能有足夠認識，也確定島居生活能滿足他創作所需的環境條件，則他選擇離家，便是在理性考量之下的行動決定。並且，由於最後他如願成就畫作，我們可說他「理性的證成」他的行動籌劃。反觀安娜，由於她所追求的美好愛情，必須以戀人雙方為條件，因此，「內在運氣」不僅在安娜身上，也在瓦倫斯基那裡。安娜的失敗，原自於她對自己和瓦倫斯基內心運作及發展條件的估量失準，導致她無法證成自己的行動籌劃。就此而言，安娜無法確實掌握她的「內在運氣」。

通過上述兩個例子，Williams 強調：雖然「內在運氣」和「外在運氣」都對行為者的行動結果造成影響，但只有「內在運氣」才與行為者無法證成其行動（unjustification）有關，「外在運氣」並無法表明行為者無法證成自己的行動籌劃。若高更在到小島的途中遭遇船難而失去生命，則這是「外在運氣」的侵襲，導致他無法成為畫家；然而，由於高更沒有機會確實執行他的籌劃，因此，我們不能說「他的籌劃」失敗，只能說「他」失敗了。

又，Williams 提到，這種「理性的證成」是一種「回溯的證成」（retrospective justification）。何謂「回溯的證成」？簡單來說，就是在實踐行動完成或事件發生後，針對自己的行動籌劃所進行的回溯式的反省。行為者一方面必須在事件發生前，對其行動進行深思熟慮，做出合理的籌劃；同時，行為者是否能證成其行動的合理性，深受其行動結果影響。一個人不可能在行動結果產生前，宣稱自己證成該行動。Williams 強調，企圖找到一套先驗的規則架構，來解釋和證成行爲者的行動決定，是不切實際的做法；因爲，行動之證成始終依賴結果。〔註 26〕高更無論對自己的決定多麼有把握，在舉世聞名的畫作產出之前，他都無法說服他人，他必定會成爲傑出的畫家。既然行動的證成與結果有關，而我們對於行爲者的評價，在一定程度上，又以行動者是否能證成其行動爲依據；那麼，行動者所受到的評價，便不能不被各種內在運氣與外在運氣的影響。

（二）道德的證成（moral justification）

在說明了何謂「理性的證成」後，Williams 進一步在「理性的證成」和「道德的證成」之間作出區分，並且主張，「理性的證成」不必然是「道德的證成」。當行爲者具有好的行動籌劃並順利完成行動時，我們認爲他「理性的證成」其行動，就此而言，他是一位理性的行爲者。如，高更對於自己行動的證成，雖可謂「理性的證成」，但卻未必可被視爲是「道德的證成」。我們可以說高更是理性的，卻未必能說他是道德的。理由是：高更的證成結果可能不被那些因爲他的行動決定而受到傷害的他的家人所接受。因此，高更離家的舉動，可能面臨某種程度的道德譴責，這是高更必須付出的道德代價（moral cost）。

關於「道德的證成」，Williams 說到，行爲者必須考慮到他人對其行動的感受。那些受行爲者直接影響的人，可能未必接受行爲者對於行動的證成。特別是當行爲者處於道德衝突的情境時，他所得到的可能不是單一的道德評價，而會出現立場各異的評價結果。然而，Williams 並非要藉此主張道德評價是相對的，而是認爲我們必須正視倫理生活的實際運作情形，在討論道德證成和道德評價時，必須同時關注行動中的人我互動關係。

在此，我們發現到理性和道德之間的拉距。康德主張，道德基於實踐理性，亦即理性在實踐上的發用；但 Williams 卻想表明，理性的行動未必是道德的行動，理性和道德有時不並行一致。於是，道德評價的問題也變得棘手起來，究竟我們應如何評價行爲者或行動是否爲道德的？我們評價的根據爲何？康德的回答很明確，視行爲者的動機是否出於「定言令式」；Williams 對此有異議，他認爲，我們無法針對如何在道德衝突情境中進行「道德的證成」

〔註 26〕Bernard Williams, *Moral Luck: Philosophical Papers*, p. 24.

做出任何理論或原則的規定；因為，在現實生活中，我們對於行為者及其行動的道德評價，往往牽涉到情感因素及人我的關係性。〔註 27〕

首先，Williams 認為，我們不應漠視人們在日常生活中實際表現的道德感受，這些感受並非純粹主觀的。基於對一般人日常道德反應的觀察結果，Williams 特別提出「行為者遺憾」（agent regret）的觀念。他指出，我們對於遺憾感受的體驗，具有一定程度的道德的能動性（agency）和合理性。舉例來說，若有一位遵守交通規則的貨車司機，意外撞到衝出路口的小孩，由於他是負責任且非自願的意外肇事者，我們通常不會對其給予道德譴責。然而，我們卻期待他就事件結果表現出和旁觀者不同的遺憾感受；對此，Williams 稱之為「行為者遺憾」。

相對於「一般性的遺憾」（regret in general）或「旁觀者遺憾」來說，「行為者遺憾」特別表現出在行動之中的「第一人稱的主觀情態」（first-personal subject-matter），以及某種特殊的「心理內容」（psychological content）。Williams 指出，「行為者遺憾」是理性行為者對自己行動的回溯性思考。由於人們總會在失敗的行動或不幸的事件發生後，認為自我的行動仍存在努力的餘地，因此出現「行為者遺憾」。「行為者遺憾」的出現，並不表示行為者無法在理性上證成其行動，而毋寧反映出行為者的道德情感與自我要求。相較於「旁觀者遺憾」，「行為者遺憾」從第一人稱的觀點表達出行為者對於事件壞結果的遺憾心態。即使行為者並不為旁人所責備，但他對於那個壞的事件，總是有一種想法，亦即：若我當時能不如此做或者能再做些什麼，也許出現不同的結果。就算行為者有好的行動籌劃，卻遭致壞的結果，他還是可能因為壞結果的出現，而不斷反省回溯當初的行動籌劃。並且，若行為者沒有通過這種自我反省，對於事件表現出行為者遺憾，即使我們不會就道德責任來責陳他，卻也會因為其情感反應不符合我們在道德上對他的期待，而對該行為者有所質疑。「行為者遺憾」在某種層面上表達出一個人的道德感受。Williams 認為，這種道德感受在人類道德生活中的重要性，並不次於康德所強調的那種「負責任的能動性」（responsible agency）。

Williams 強調，道德感受在道德評價中具有一定的影響力。道德感受是我們生活中的眞實體驗，這種體驗並非在一個否認情感差異性的道德世界中被

〔註 27〕 Ibid., pp. 36～37.

塑造而成。在同一事件中所涉入的對象，可能由於在事件中身處不同角色，而對事件結果有不同的情感反映和道德評價。一個被理性證成的事件，雖然可能在行動籌劃上有其合理性，其結果也符合行爲者的預期而取得成功，甚至因爲對社會作出某種貢獻而受到大多數人的好評。然而，在事件由籌劃到完成的過程中，若有某些涉入事件的對象，因爲行爲者的行動決定，而被迫作出犧牲；那麼，我們不能要求這些受委屈的人，對於行爲者給予正面的道德評價。

例如，在高更的例子中，即使高更因爲最終成爲一位偉大的畫家，而證成其行動的合理性，一般人亦據此給予高更高度的行動評價。然而，高更離家的舉動，畢竟對家庭未善盡責任，就此而言，我們沒有理由要求他的家人也如同他人一樣，接受高更對其行動的證成。若他的家人在事件中自覺是受害者，則無論旁人如何肯定高更的決定，他的家人也有立場不接受高更對自己行動的證成。易言之，高更的行動雖是理性的，但並非是道德的。高更就算證成其行動的合理性，也無權要求所有人都接受他的行動決定。

綜言之，Williams 之所以不從義務論的觀點談道德評價，又不就如何進行「道德的證成」做出理論或原則的規定，是因爲他認爲道德涉及情感因素及人我關係。並且，Williams 強調，我們在日常生活中體驗到的道德情感，並不具有一個標準化模型。因爲，人與人的相處關係和情感距離並不相同。爲了正視一般人重視情感及人我關係的倫理生活，Williams 建議以一種「更普遍的倫理觀念」（more general conception of the ethical），來取代道德觀念，以解釋人們的行動抉擇與評價活動。〔註 28〕所謂「更普遍的倫理概念」，至少包含三個要素：道德感受、人我關係、價值取捨，而此三者乃是相互關連的。我們對不同關係的人，有不同的情感反應，以及相應的道德責任要求，並可能因此遭遇道德衝突，而必須進行價值取捨。

雖然 Williams 對於道德的批判反省，在理論說明上尙有未盡之處。〔註 29〕

〔註 28〕 Ibid., pp. 251～252.

〔註 29〕 就 Williams 所留下的理論爭議而言，首先，Williams 就著行爲者的籌劃區分「內在運氣」與「外在運氣」，並認爲惟有「內在運氣」才與行爲者「無法證成」（unjustified）其行動有關。此一看法雖能突顯行爲者在行動籌劃上的理性運思，卻無法跨越由「理性的證成」到「道德的證成」之間的理論鴻溝。Williams 在討論「行動的證成」問題時提到：在日常生活中，和行爲者處在不同關係然而，他提醒我們，關於道德的思考不應是脫離倫理生活的理論構作，對於道德的判斷與評價亦非單單視乎行動者是否服從於某項道德法則而定。道德行動者所身處的具體情境、所面對的人我關係、所產生的道德感受，對於道德判斷與道德評價而言，有著不容忽視的影響力。道德主體如何對於道德行動進行證成，是一個棘手但深具意義的道德問題。而 Williams 所提供的觀點，開啓且拓深了我們的問題意識，至於如何將此應用於解決道德衝突問題，則是我們必須再加以思考的方向。

三、解決道德衝突之可能依準

以上主要引介了義務論、效益主義及德性倫理學對於道德衝突之思考與解決方式，及其各自可能遭受的批評。西方倫理學界對於道德衝突問題的解決方式，雖呈現出立場各異的表述；然而，倫理學者之間相互討論、質疑和批評的過程，使道德衝突得以顯題化；對於道德衝突的解題方向，亦提供更明確的指引。

在此中，我們可發現，「普遍性」（universality）、「具體性」（specificity）、「融貫性」（coherence）、「人格整全性」（integrity）以及「道德的證成」（moral justification），是評價道德衝突解題效力的幾項因素。前三項因素（「融貫性」、「普遍性」、「具體性」）涉及對於道德原則及理論之評估；後三項因素（「人格整全性」與「道德的證成」）則關乎道德主體之生命狀態及道德活動表現之省察。有見於此，筆者以下將循「道德原則之運作問題」與「道德實踐中的主體問題」兩大思考脈絡，運用上述之評價因素或判準，以反思儒家在道德衝突問題中之經權辯證。

第三節　問題之反思

一、道德原則之運作問題

西方當代倫理學者卡根（Shelly Kagan）曾運用層次理論來對於當代倫理

中的評價者，可能對行爲者有不同的道德感受和道德評價，Williams 企圖以此揭示我們現實生活的倫理樣貌；但如此一來，則恐有架空道德及落入相對主義之虞。

學理論進行分析。他指出，不同的道德理論，雖在內容上有所不同，但大致而言，皆包含兩大部份，其一是決定行爲之道德地位（moral status）——如：是或非、對或錯——的因素（factor），其二是證成（justify）上述道德因素的理據，前者謂之因素層次，後者謂之基礎層次。〔註 30〕

同一道德因素可能被不同的基礎層次理論所證成，如：「不可說謊」這項道德原則，作爲一道德因素，可分別被義務論之定言令式（普遍的道德律）、效益主義之效益原則、德性論者之德性所證成。義務論者認爲，「信守承諾」是可被普遍化的道德原則；效益主義同意「信守承諾」的行動原則可增進社會中多數人之效益，因此應被視爲道德原則；〔註 31〕而德性論者則認爲「誠信」是人類社會被普遍認可、具有「內在價值」之德性。

值得注意的是，卡根主張，因素層次和基礎層次具有雙向的結構關係。意即，基礎層次可用以證成道德因素，說明道德因素何以具有道德的相干性。然而，當道德因素在道德活動的運用中受到質疑時，亦能反過來削弱基礎層次。〔註 32〕

筆者認爲，這種雙向的結構關係，在西方倫理學中並不明朗。因爲，對於某項道德理論中之道德因素的質疑，多發自其它道德理論，以其它道德理論的基礎層次爲據，而非來自於理論本身之中的反省。例如，義務論者可能基於道德的普遍律，質疑效益主義者主張效益最大化的效益原則，犧牲了公平與正義。又如，效益主義者可能基於效益原則，質疑義務論者所強調之絕對責任，未顧及現實道德情境之需求。這種來自於理論外部的批評誠然合理，卻未必能帶動理論本身的結構調整。

相較之下，儒家在道德活動中持續進行的經權辯證，將儒家的倫理思想置入一種穩定的動態結構之中。若依卡根的層次理論而言，儒家的因素層次包含孝、悌、忠、信……等行爲規範，這些行爲規範可總括爲「禮」或「經」，而其基礎層次便是「仁心」，或曰「道德心」。「道德心」在實踐活動之中的發用，將「經」帶入「權」之中，隨時貞定其道德意義。可以說，道德原則之運作問題與道德實踐中的主體問題，對儒家而言，是一體兩面的。換言之，

〔註 30〕轉引自郭柏年：〈規範道德理論的結構——論卡根的區分法〉，《東吳哲學學報》第 23 期（臺北：東吳大學，2011 年 2 月），頁 83。

〔註 31〕轉引自郭柏年，同上註，頁 92～93。

〔註 32〕轉引自郭柏年，同上註，頁 92。

在儒家，並不存在道德主體與其行動原則相互割裂的問題，作爲「經」的道德規範之制定及落實，必須通過仁心在具體行動情境中不間斷的權衡活動（「權」），方能達致（「經是已定之權」）。〔註 33〕

二、道德實踐中的主體問題

（一）「道德心」之成素與結構

以下先釐清何謂儒家之「道德心」？對此，鄭宗義先生提到：「以主體性釋道德心性可以說是當代儒學研究者的共法。」〔註 34〕其中，最爲人熟知的，是牟宗三先生主張「中國哲學特重主體性（Subjectivity）與內在道德性（Inner-morality）」〔註 35〕，他因而通過「主體性」的概念來詮釋儒家的「仁」。然而，必須注意的是，當牟先生或其他學者們以「主體性」來解釋中國哲學中的「道德心」時，由於受到自身理解視域或詮釋立場的影響，他們對於「主體性」的用法，很可能已經出現某種程度的意義轉換。如關子尹先生便曾提到：「當代中國學者中，牟宗三先生對主體性持一很獨特的看法。他對主體固然很重視，但卻不是順者西方講，而是強調中國傳統對主體有自己的一套。其立論另辟蹊徑之餘，某一意義上似乎還要把『主體』理念『據爲己有』。」〔註 36〕袁保新先生則指出，牟宗三先生對「主體性」概念意義的運用，並不一致。有時是在表述那個「歸於每一個人之自己」、「具體的實踐生活之來源或動力」，突顯出儒家重生命實踐的存在進路；有時是爲了彰顯儒家道德的自律性，將「主體性」簡化等同於康德的「實踐理性」。然而，第二個涵義所發展的實體形上學的進路，可能造成內在與外在兩個實體（內在自足的道德主

〔註 33〕誠如余紀元先生所指出：在儒家倫理學中，行爲的「善」由禮所決定，而非由純粹抽象與普遍的道德原則所決定，而禮儀化是每個人作爲關係性的存有者，在其各自的社會關係網路發展的結果。良好的行爲涉及眞實的道德情感（亦即仁心），有德之人是能正確感受和行動的人。參見余紀元（Jiyuan Yu）著，林航譯：《德性之鏡：孔子與亞里士多德的倫理學》（*The Ethics of Confucius and Aristotle: Mirrors of Virtue*），頁 168～172。

〔註 34〕鄭宗義：《儒學、哲學與現代世界》，頁 129。

〔註 35〕參見牟宗三：《中國哲學的特質》，頁 5。牟宗三先生又提到，中國哲學之所以強調道德性，是根源於憂患意識，由憂患意識引生道德意識及悲憫之情，而欲積極參贊天地化育。參見牟宗三：《中國哲學的特質》，頁 17～19。

〔註 36〕見關子尹：〈康德與現象學傳統——有關主體性哲學的一點思考〉，收入《中國現象學與哲學評論》第 4 輯（上海：上海譯文出版社，2001 年），頁 174。

體與外在超越的天道實體），使「天人合一」成爲難以克服的詮釋困境，亦與後現代的文化氛圍相互扞格。〔註 37〕

吳豐維先生曾對「主體性」概念進行考察。他提到，「主體性」概念在哲學史的發展上出現許多歧義。因此，他建議我們可將「主體性」視爲一個概念家族，包含同一性、獨立性、自律性與主觀性等意涵，從而探討其構成、實踐與價值。他並且強調，在紛陳不定的主體性論述中，對於「主體性」最重要的提問並非「有或沒有」的問題，而是「如何證立自己」。〔註 38〕

筆者以爲，吳豐維先生對「主體性」概念之論析頗具啓發性。既然，「主體性」是多少帶有歧義的概念，且可能被解釋者賦予特殊的規創定義；那麼，與其通過「主體性」來理解儒家的「道德心」，不如深入儒家對於「道德心」的相關文獻論述之中，分析儒家「道德心」的組成結構與活動特性，並說明其在道德實踐活動中所呈顯的意義及價值。

就此而言，《孟子》通過「四端」來說明「人性」及「道德心」，綱舉目張，較有助我們藉以把握儒家「道德心」之整體結構，《孟子》中說到：

> 人皆有不忍人之心。……所以謂人皆有不忍人之心者，今人乍見孺子將入於井，皆有怵惕惻隱之心；非所以內交於孺子之父母也，非所以要譽於鄉黨朋友也，非惡其聲而然也。由是觀之，無惻隱之心非人也，無羞惡之心非人也，無辭讓之心非人也，無是非之心非人也。惻隱之心，仁之端也；羞惡之心，義之端也；辭讓之心，禮之端也；是非之心，智之端也。人之有是四端也，猶其有四體也。有是四端而自謂不能者，自賊者也；……凡有四端於我者，知皆擴而充之矣，若火之始然、泉之始達。苟能充之，足之保四海；苟不充之，不足以事父母。（〈公孫丑上〉）

對於「四端」之「端」所指涉的意義爲何，學者之間有不同的見解：有解爲「端項」者〔註 39〕；有視爲「端倪」或「端緒」者〔註 40〕；有謂之爲「開端」

〔註 37〕參見袁保新：〈中國哲學的特質在於主體性嗎？〉，《鵝湖學誌》第五十一期（臺北：鵝湖出版社，2013 年），頁 186～205。此外，對於哲學上基於「實體性」、「終極性」等概念所發展出來帶有「絕對性」的舊基礎主義之批判及建議，可參見勞思光：〈論非絕對主義的新基礎主義〉，收入劉翠溶主編：《四分溪論學集》（臺北：允晨文化，2006 年），頁 394～395。

〔註 38〕參見吳豐維：〈何謂主體性？——一個實踐哲學的考察〉，收入《思想》第 4 期（臺北：聯經出版公司，2007 年），頁 63～78。

〔註 39〕如余紀元先生將「四端」視爲儒家道德心的四個組成部份，他提到：「心不是者。「端項」是著眼於道德心之結構組成；「端倪」或「端緒」是從道德心之呈顯處說；而「開端」則是就道德心之活動歷程之始點而言。其實，三者各有理據，亦不互斥。依於文旨，筆者專就第一義（「端項」）論述之。

由「人之有是四端也，猶其有四體也」，可知孟子將「四體」（四肢）之於人，類比爲「四端」之於道德心；正如「四體」可作爲人進行身體外在活動時的四個重要部位，「四端」乃是道德心在道德活動中的四個能力成素及運作部份。作爲「惻隱之心」的「仁」，使行動者得以相互共感，開啓人己物我共在的道德視域或道德意義世界；作爲「羞惡之心」的「義」，使行動者能隨時自我警醒，明察善惡，不陷溺於一己之物欲而導致道德心之閉塞不通；作爲「辭讓之心」的「禮」，能使行動者知所節制，循理而動，以與自然天地間之出現的和諧理序偕行不悖；作爲「是非之心」的「智」，則使行動者在面對時空中各項事態變化時，能保持靈活的道德裁量能力，衡量具體行動情境中所牽涉的各種因素，做出合乎情境所需的道德判斷。

至於「四端」之關係如何？首先，就道德心的根源或發動處而言，「惻隱之心」可通貫其它三者，如朱子所言：

> 惻隱是箇腦子，羞惡、辭遜、是非須從這裏發來。……惻隱之心，通貫此三者。（《朱子語類》第 53 卷）

> 惟是有惻隱之心，方會動；若無惻隱之心，卻不會動。惟是先動了，方始有羞惡，方始有恭敬，方始有是非。動處便是惻隱。若不會動，卻不成人。若不從動處發出，所謂羞惡者非羞惡，所謂恭敬者非恭敬，所謂是非者非是非。（《朱子語類》第 53 卷）

「惻隱之心」將道德心的活動貞定在道德的方向上，就此而言，可說是四端之中其它三者的基礎。然而，在道德心發用運作的過程中，四端各司其職，因應具體行動情境中的各種道德需求，而有不同面向的表現。對此，朱子說：

別的，就是四端。說每端有一心，即等於是說每一組成方面構成了統一的一心。……發於四心的四種主要德性是四種不同的特殊德性，但也是總體的「仁」的不同方面。」參見余紀元（Jiyuan Yu）著，林航譯：《德性之鏡：孔子與亞里士多德的倫理學》（*The Ethics of Confucius and Aristotle: Mirrors of Virtue*），頁 243。

〔註 40〕如李明輝先生認爲，「四端之心」的「端」是「就良知之呈現」而言，「端」即「端倪」、「端緒」之義，「謂良知於此呈露也」。……而聖人是能將此間而呈露之良知擴而充之，使其全幅朗現。參見李明輝：《康德倫理學與孟子道德思考之重建》，頁 114～115。

> 然而仁未有惻隱之心，只是箇愛底心；義未有羞惡之心，只是箇斷制底心。惟是先有這物事在裏面，但隨所感觸，便自是發出來。故見孺子入井，便有惻隱之心；見穿窬之類，便有羞惡之心；見尊長之屬，便有恭敬之心；見得是，便有是之之心；見得非，便有非之之心。(《朱子語類》第53卷)

在道德情境中，行動者面對不同的事態變化，必須有靈活的因應能力，而儒家的道德心，並非作爲內在自足的主體，獨立於行動之外。換言之，道德心必須在行動之中顯現其自身的眞實性。脫離了實踐的行動情境，道德心也無法充份發展。〔註41〕

(二)「道德心」之活動特性

牟宗三先生曾以「覺」與「健」作爲「仁」(全德之「仁」，亦即道德心)之兩大特質。〔註42〕筆者以爲，我們可以藉此兩點，引申說明道德心之活動特性。其中，「覺」強調道德心之自省不蔽，「健」則指向道德心之恆常發用。

牟宗三先生提到，所謂「覺」不是感官知覺，而是強調內心的悱惻不安之感。換言之，對行動情境中的人、事、物有所感而不麻木。〔註43〕對此，朱子有言：

> 今人非無惻隱、羞惡、是非、辭遜發見處，只是不省察了。若於日用間試省察此四端者，分明迸趲出來，就此便操存涵養將去，便是下手處。只爲從前不省察了，此端才見，又被物欲汩了。所以秉彝不可磨滅處雖在，而終不能光明正大，如其本然。
> (《朱子語類》第118卷)

〔註41〕陳榮華先生認爲，儒家的道德心並非內在自足的，必有待具體的行動情境方得以顯現之。參見陳榮華：《葛達瑪詮釋學與中國哲學的詮釋》(臺北：明文書局，1998年)，頁247～280。賴蘊慧先生則指出，對儒家而言，「修身是個體在關係網絡中的倫理——社會實現。……儒家相依的自我值得注意，它爲我們理解人際互動與人際關係在個體中生活中的核心地位提供了豐富的洞見。相依的自我觀是對自我的現實描述，而且，它對於理解行動、意向性、責任、義務、選擇和道德等概念具有重要意義。」參見賴蘊慧(Karyn L. Lai)著，劉梁劍譯：《中國哲學導論》(*An Introduction to Chinese Philosophy*)，頁51。李瑞全先生則主張，我們可藉由孟子「四端」之心之思路，將儒家之生命倫理學理論結構化，展現爲包含各種道德原則及規則的系統，來面對我們所處的行動世界。參見李瑞全：《儒家生命倫理學》，頁60～61。

〔註42〕參見牟宗三：《中國哲學的特質》，頁43～44。

〔註43〕同上註，頁43。

此外，儒家雖肯定道德心普遍內在於人之中，但也強調道德心必須通過不間斷的道德實踐歷程及自省工夫加以存養、開發。因此，儒家重視「有恆」，亦即強調道德心之發用及道德活動之不間斷。在《論語》中，孔子曾感嘆「聖人」及「善人」「不得而見之矣」、「難乎有恆矣」（〈述而〉），子張亦言：「執德不弘，信道不篤，焉能為有？焉能為亡？」（〈子張〉）蓋一般人常因無法持守心志而進行道德活動，故難以有所成。因此，孔子特別強調「君子無終食之間違仁，造次必於是，顛沛必於是」（〈里仁〉），對儒家而言，任何時空處境皆是道德心之發用與磨鍊處。

（三）「道德心」在世界中之開展

道德心的四項能力成素，使行動者得以開啓具有道德關係意義的存在視域；而此整體的、開放的道德世界觀，也在行動者的道德行動中，不斷磨鍊行動者的道德心或實踐智慧，並啓發行動者在其中進行自我理解及定位。《孟子》中說道：

> 君子所以異於人者，以其存心也。君子以仁存心，以禮存心。仁者愛人，有禮者敬人。愛人者，人恆愛之；敬人者，人恆敬之。有人於此，其待我以橫逆，則君子必自反也：『我必不仁也，必無禮也，此物奚宜至哉？』其自反而仁矣，自反而有禮矣。其橫逆由是也，君子必自反也：『我必不忠。』自反而忠矣。其橫逆由是也，君子曰：『此亦妄人也已矣。如此則與禽獸奚擇哉？於禽獸又何難焉！』是故君子有終身之憂，無一朝之患也。（〈離婁下〉）

此段文獻將自反工夫由發動到結束的過程完整呈現出來。孟子所言的「三自反」，是說人在與他人相交接時，若發現他人對自己有敵意或強橫之舉，應先自我反省。「自反」的步驟是從「仁」、「禮」入手，反省一己之所為是否出乎仁、合乎禮，本於真誠惻怛之心？若他人待己依舊，則再反省自己是否在處事上未盡心而為而導致他人之怨？若一一「自反」後，確信自己無論在心念或行動上皆依於仁、無所虛歉，則不必再究責於己，且不以他人對己之薄行為患。

孟子「三自反」的工夫顯現之意義有三：首先，在生命的行動中，人有道德實踐的自由。所謂自由，即是一種自我判斷、自我抉擇的能力。人能通過此道德上的意志自由，判斷自己的動機、行為是否合乎善。

再者，自反工夫除了顯示人在道德實踐上的主動性外，亦反映出人之生命行動中密切的群己關係。人的道德實踐不能自外於人，而是在人、己、物、我共在一體之場域中展開。因此，對於道德實踐行動的省察，自然應將人己的互動情形列入其中。對此，〈中庸〉有言：

> 誠者自成也，而道自道也。誠者物之終始，不誠無物。是故君子誠之爲貴。誠者非自成己而已也，所以成物也。成己，仁也；成物，知也。性之德也，合外內之道也，故時措之宜也。

〈中庸〉以「誠」作爲天之道。「誠」，即指眞實、恆常不變。〈中庸〉中將天道名之以「誠」，表示天道乃是宇宙萬物之間於穆不已的生生之理。又，人道與天道相合，而人的道德歸準亦在於本心的眞實無僞，此即「誠之者，人之道也」之義。然而，人的道德實踐不限於成就自己，亦在成就外界事物。「成己」，是內聖之學，以「仁」爲本；「成物」，則是外王之功，須配以處世之智。道德實踐落實於人倫庶物之中，其實踐過程涉及自己與外界事物，而其「德用」亦及於自己與他人，此乃「合內外之道」之精神所在。由孟子緣於他人對自己之行爲反應而有「反求諸己」（《孟子・離婁上》）的主張，便反映出儒家道德實踐行動中的群己關係意義。

最後，當孟子以「三自反」檢視一己之心念行動皆無失時，即能作出判斷：當前一己之橫逆非出於己，而不以爲患。此心志令人即使處在逆境中，仍能產生源源不絕的道德行動勇氣，益加確立自身的人格價值和生命理想。對此，《孟子》進一步以「持志」、「養氣」、「集義」來說明：

> 夫志，氣之帥也；氣，體之充也。夫志至焉，氣次焉。故曰：持其志，無暴其氣。……我知言，我善養吾浩然之氣。……其爲氣也，至大至剛，以直養而無害，則塞于天地之間。其爲氣也，配義與道，無是餒也。是集義所生者，非義襲而取之也。行有不慊於心則餒矣。（〈公孫丑上〉）

「志」是心之矢向；「持志」，是將本心貞定在道德實踐的進程方向上。人，不僅需立志，更緊要之處在於是否能持志。立志，是確立生命實踐的方向。而立志之後是否能「持志」，更是生命的眞考驗。「浩然之氣」指道德本心充份發用時的身心交融狀態。「養氣」，則是存養道德本心不使其放失，並使其時刻體現於身體的視聽言動之中。孟子並且提到，要能「養氣」需先「集義」。「義」，是事理之宜（此事理之宜由道德心決斷之）；「集義」，是使自己的心念行動一一合宜。孟子強調，要「養氣」，並非經由斷續的合理之行而得，而要通過不間斷的道德實踐歷程（「集義」）而得。道德實踐表現為一歷程，每個實踐的行為階段皆相互關連，心念行為之已發自然影響其未發狀態，因此必須時時「自反」。「自反」工夫能發現道德本心是否陷溺放失，若心已放失，則需「求其放心」（《孟子．告子上》）；若反復細省一己皆無愧怍，則更確定道德自我的眞實性，而在道德實踐的進程上產生堅強的行動力量。〔註44〕〈大學〉中提到的「自謙」、「自明」即在強調此種道德人格之確立，能作為道德實踐之內在動力，推動人進行道德實踐。

三、道德之引導功能

由於中國哲學關注的主要面向在於實踐課題，而道德衝突的產生，亦發生於具體的道德實踐情境；就此而言，我們對於倫理學理論在解決道德衝突問題上的評價，亦可循此方向進行。一方面，我們必須針對如何處理道德衝突問題提出清楚而不流於空泛的說明；另方面，這種說明對於道德行動者能否能產生更多引導作用，推動人在其生命歷程中持續進行道德活動，亦是我們檢視的方向。誠如李瑞全先生所見，傳統西方倫理學中，多致力於訂定道德行為之標準，而較少關注如何通過實踐歷程以成就道德人格的問題，使得「道德行為像天才之筆，一閃而過，而不能貞定成為我們的道德人格」。〔註45〕勞先生亦指出，中國哲學主要在指引人生，並推動生命的自我轉化。就此而言，當我們在研究中國哲學的理論或主張時，可以思考這些主張能如何引導人們的實踐生活，以顯出中國哲學思想對人生問題的普遍意義。〔註46〕有

〔註44〕就此而言，誠如余紀元先生所指出的：儒家倫理學沒有面臨麥克爾．斯托克（Michael Stocker）所稱的近代倫理學的「精神分裂問題」。精神分裂是指一個人的價值與其動機之間的不協調。按照斯托克的觀點，近代道德在談論行為時忽視了倫理動機；甚至在動機被考慮到的地方，近代理論也錯誤地對它們做了評價。參見余紀元（Jiyuan Yu）著，林航譯：《德性之鏡：孔子與亞里士多德的倫理學》（*The Ethics of Confucius and Aristotle: Mirrors of Virtue*），頁243。另參見 Michael Stocker, "The Schizophrenia of Modern Ethical Theories," *The Journal of Philosophy* vol.73, no.14 （Aug 1976）, pp. 453～466. 此文中譯版參見徐向東編：《美德倫理與道德要求》（江蘇：江蘇人民山版社，2007），頁 59～70。

〔註45〕李瑞全：《當代新儒學之哲學開拓》，頁 72～73。

〔註46〕參見勞思光：《新編中國哲學史》（三下），頁 895～896。

見於此，以下將簡要論述儒家道德教育之方向，從中突顯儒家成德之教對於培養道德衝突解決能力之助益。

（一）道德之「所教」：「定向」與「創造」

儒家由道德心開顯道德視域，亦在道德視域及道德活動中安立及善化道德人格。因此，從儒家的觀點所開展之道德教育，必須重視受教者之道德視域如何在道德意識之豁醒中得以充廣，同時必須思考，實踐智慧如何在道德視域的充廣中得到磨鍊，此乃儒家「成德之教」之「所教」，這當中包含了「道德的定向」及「道德的創造」兩大重點。所謂「道德的定向」，必須引導人思考「人爲何道德」此一問題。〔註 47〕對此，儒家提供了兩大理據。其一，是通過人禽之辨，確定人爲道德主體，有道德實踐的動力和能力。其二，乃通過人倫教化，提醒人作爲關係中的自我，有必須承擔的責任和理份。至於「道德的創造」，則指向「人如何道德」的問題，當中包含了善化道德人格與建構德性社會，亦即儒家所論「成己」與「成物」。

（二）道德之「所以教」

1、倫理論辯與反躬自省

相應於此，「成德之教」應「如何教」？首先，儒家教育重視「以友輔仁」（《論語‧顏淵》），每每通過倫理論辯，讓不同的道德生命之間相互切磋對話，引導行動者對自我的道德信念進行反思。《論語》中鮮活地呈現孔子對話式的教學法：

> 子貢問曰：「貧而無諂，富而無驕，何如？」子曰：「可也。未若貧而樂，富而好禮者也。」子貢曰：「《詩》云：『如切如磋，如琢如磨』，

〔註 47〕在西方倫理學中，關於「人爲何道德」的問題，有學者主張可通過「表達論證」（Expression Argument）來加以證立。所謂「表達論證」，是主張人的概念與道德判斷之間存在一定關係，亦即認爲「人是什麼」與「人應該做什麼」是兩個相關的命題。我們對於道德原則的認取，可視爲我們對於形上的自我概念（mataphysical self-conception）的表達。如羅爾斯（John Rawls）認爲，我們乃基於人作爲自由而平等的理性者來選取作爲公平的正義（justice as fairness）。黃慧英先生認爲，儒家對於「我爲何道德」的理由證立，亦近於表達論證：孟子在其人禽之辨中主張人作爲一個能進行應然判斷的道德主體，即是以人的道德性作爲道德判斷的基礎。參見黃慧英：《後設倫理學之基本問題》，頁 115～116。要言之，「表達論證」即是主張通過自我概念以證成道德判斷。

> 其斯之謂與？」子曰：「賜也，始可與言《詩》已矣！告諸往而知來者。」（〈學而〉）

子貢能「告諸往而知來」，可見其與孔子對話的過程，在道德思考上有所升進。此外，對於偏離道德實踐之弟子，孔子通過與之一來一往的對話過程，協助其釐清自己的價值觀念。眾所皆知的例子是，孔子由反問宰我對於主張改易「三年之喪」是否不安，來提醒宰我審視自己的行為動機：

> 宰我問：「三年之喪，期已久矣。君子三年不為禮，禮必壞；三年不為樂，樂必崩。舊穀既沒，新穀既升，鑽燧改火，期可已矣。」子曰：「食夫稻，衣夫錦，於女安乎？」曰：「安。」「女安則為之！夫君子之居喪，食旨不甘，聞樂不樂，居處不安，故不為也。今女安，則為之！」宰我出。子曰：「予之不仁也！子生三年，然後免於父母之懷。夫三年之喪，天下之通喪也。予也有三年之愛於其父母乎？」（《論語．陽貨》）

雖然孔子在宰予結束對話出門後，批評其不仁；然而，在與宰予對談之時，孔子並非以強加教條或規準的方式，要宰予接受其觀念。由此亦可見，孔子作為人師而非經師之教育人格典範。

2、人己物我之相互觀照

再者，儒家重視人、己、物、我之間的相互觀照印證，使人能在一體的生命視域中，體察人性與天道運作之理，不斷啓發和提昇自我的實踐智慧。在儒家經典中，我們經常可發現儒者觀物自得的例示：

> 子在川上曰：「逝者如斯夫！不舍晝夜。」（《論語．子罕》）

> 君子之德，風；小人之德，草；草上之風，必偃。（《論語．顏淵》）

> 子曰：「予欲無言。」子貢曰：「子如不言，則小子何述焉？」子曰：「天何言哉？四時行焉，百物生焉，天何言哉？」（《論語．陽貨》）

> 孟子曰：「孔子登東山而小魯，登泰山而小天下。故觀於海者難為水；遊於聖人之門者難為言。觀水有術，必觀其瀾。日月有明，容光必照焉。流水之為物也，不盈科不行；君子之志於道也，不成章不達。」（《孟子．盡心上》）

> 徐子曰：「仲尼亟稱於水曰：『水哉！水哉！』何取於水也？」孟子曰：「源泉混混，不舍晝夜，盈科而後進，放乎四海；有本者如是，

> 是之取爾。苟爲無本，七、八月之間雨集，溝澮皆盈；其涸也，可立而待也。故聲聞過情，君子恥之。」(《孟子・離婁下》)

一體觀所提供的開放性的意義視域，一方面能使行爲主體得以在其中進行自我理解與自我定位，從而堅定其志向，而不斷投入道德實踐活動之中；另方面，亦能使行爲主體能體察存有的連續性，以及各種不斷變動的、共時性與歷時性之關係狀態，在當中啓迪開發其實踐智慧。換言之，從道德的觀點看世界，世界遂對我顯現爲印證道德價値的意義域及道德活動之場域。不僅是觀物，在人我之間人格與行動之相互參照，也爲儒家所重視。《論語・里仁》中有言：「見賢思齊焉，見不賢而內自省也」，《禮記・學記》中亦云：「相觀而善之謂摩」，凡此皆在以人我之間之言談行止，作爲彼此道德發展之激盪或借鏡。茲舉《論語》中的一例：

> 陳司敗問：「昭公知禮乎？」孔子曰：「知禮。」孔子退，揖巫馬期而進之，曰：「吾聞君子不黨，君子亦黨乎？君取於吳爲同姓，謂之吳孟子。君而知禮，孰不知禮？」巫馬期以告。子曰：「丘也幸，苟有過，人必知之。」(〈述而〉)

昭公違反周朝同姓不婚之禮法，自同姓國家吳國娶了夫人，爲避人耳目而改稱其夫人吳姬（按：姬乃當時國君夫人應有之稱號）爲吳孟子。陳司敗問及孔子對魯昭公的評斷，孔子或一時不察，而謂昭公知禮。陳司敗以此質疑孔子爲人偏私。孔子弟子巫馬期告知孔子此事，孔子不以爲忤，反視他人能指正自己的過錯爲一己之幸。對此，除了可見孔子心胸之開闊外，亦能看出儒家對於道德行動者之間能否相互切磋惕厲之重視。

3、禮樂詩化與心志感興

儒家認爲，通過詩書禮樂等六藝之文化薰習，有助行動者培養和諧的社會人格以及堅毅的道德心志。〔註48〕《論語》中提到，「好仁不好學，其蔽也愚」(〈陽貨〉)；「君子博學於文，約之以禮，亦可以弗畔矣夫。」(〈雍也〉)；「興於《詩》，立於禮，成於樂。」(〈泰伯〉)《孟子》亦言：「故說詩者，不以文害辭，不以辭害志；以意逆志，是爲得之。」(〈萬章上〉) 蔣年豐先生曾敏銳地提到，我們可通過「以意逆志」來解釋儒家的詩教傳統下仁心興發的精神表現。所謂「以意逆志」，即是透過詩作之意旨（意義的結聚）來逆溯志

〔註48〕參見黃釗：《儒家德育思想論綱》(武漢：武漢大學出版社，2006年)，頁45。

意興發的活動歷程。此活動歷程是一解釋的（hermeneutic）活動；進一步說，是通過仁心之感通來賦予道德意義的意向活動。擴大而言，舉凡優雅之禮樂風俗或文藝創作等，皆具有興發人心、鼓盪性情，使人向上拔舉其志氣之感染作用。〔註 49〕

《莊子．天下》中有言：「《詩》以道志，《書》以道事，《禮》以道行，《樂》以道和，《易》以道陰陽，《春秋》以道名分。」《史記．太史公自序》亦云：「《禮》以節人，《樂》以發和，《書》以道事，《詩》以達意，《易》以道化，《春秋》以道義。」意在表明「六藝」在協助道德人格之淬鍊上各具其功。而儒家以「六藝」引導道德心志的教育傳統，與當前中、西教育界積極推動之重視經驗探索及心靈統整的全人教育或博雅教育〔註 50〕理念，亦可相互發明。

4、經權辯證與自我證成

最後，儒家教育強調「爲仁由己」（《論語．顏淵》）、「君子求諸己，小人求諸人」（《論語．衛靈公》）、「君子病無能焉，不病人之不己知也。」（《論語．衛靈公》），道德理想必須付諸實際行動，而行動者必須通過道德實踐活動，進行道德心的磨鍊和道德行動之自我證成。在此中，或許會遇到他人批評或是道德衝突狀況；此時，行動者可能無前例或規則可循，而儒家的道德教育亦非直接提供道德原則或解題方式給行動者；而是鼓勵行動者在道德活動中，審視自己的道德存心，考察自己的道德感受、道德信念及行動籌劃，不斷進行經權辯證及自我證立。惟有時時在道德行動進行自我反省，將自己提撕到一種不斷對於自我進行深刻覺察的狀態，我們才得以保有「人格整全性」，使自己的道德信念、道德感受和道德籌劃相互一致，並處於不憂、不懼、不疚的人格狀態，推動自己持續進行道德實踐活動。

綜觀本章所言，義務論所主張之「定言令式」（道德的普遍律）及自律原

〔註 49〕參見蔣年豐：〈從「興」的觀點論孟子的詩教思想〉，收入蔣年豐：《文本與實踐（一）：儒家思想的當代詮釋》（臺北：桂冠圖書公司，2000 年），頁 177～202。

〔註 50〕「全人教育」旨在通過自我探索及人我互動，培養一身、心、靈整全的人格。「博雅教育」（Liberal Arts）則可追溯自古希臘時代，當時文法、邏輯、修辭被視爲是參與公民生活所必須具備的三項技能。到了中世紀，再加入算術、幾何、音樂、天文，此「七藝」成爲中世紀大學主要修習科目。現今中西方大學裡亦多有推行博雅教育，其主要目的在培養學生批判思考、經驗組織、價值判斷及具體實踐的能力，並引導其進行人格統整。

則，雖可彰顯人的自由和尊嚴，但面臨抽象的道德原則在具體行動情境中難以應用的問題，或是行動者在具有同等道德價值的原則之間無法作出取捨的狀況。效益主義重視「無私」（impartiality）的概念，強調當我們運用效益原則處理道德衝突時，應採取能導致整體幸福最大化的行動，而不容許任何偏私。然而，效益主義者爲了貫徹「效益原則」與無私概念，賦予行動者「消極責任」，漠視行動者的道德感受或道德信念，在 Williams 這樣的反理論者〔註51〕看來，可能使人喪失「人格整全性」。要之，在道德衝突的情境中，道德原則在運作上可能出現的主要兩點質疑是：一、缺乏具體性，二、脫離行動主體。而儒家在道德衝突中的經權辯證可因應此兩項質疑。

再就德性倫理學來看，德性倫理學重視培養行動者之道德人格特質，以因應道德行動之所需；然而，德性倫理學是否能構作出一個完備的德性理論，對於道德行動者所面臨的道德困境或道德衝突提供更明確的指引，則是德性倫理學當前所面臨之理論挑戰。就此而言，作爲成德之教的儒家，對於道德心之闡述以及道德教育之主張，可作爲德性倫理學者在建構德性理論時，一項值得汲取參照的思想資源。

〔註51〕反理論者質疑，道德理論或道德體系的建構方式，多半是由普遍的道德原則（如：效益原則或定言命令），演繹出具體的道德判斷，而忽視現實行動情境中的個體的特殊性或關係，因而無法爲道德抉擇提供有效指引。參見黃慧英：〈儒家倫理與德性倫理〉，收入黃慧英著：《儒家倫理：體與用》，頁21、47。

結　語

本論文以儒家之「經」、「權」關係及倫理學上的「道德衝突」一概念爲線索，一方面在「道德衝突」的脈絡上梳理儒家對「經」、「權」關係的各種討論；另一方面則以儒家的這些討論作爲消解「道德衝突」的參考或指引。這一章主要總述及補充全文的觀點，並略論本文的未來展望。

在第一章中，筆者主要進行三項工作：釐清論題意義、回顧學界觀點、說明研究方法。在「釐清論題意義」一項，筆者集中釐清「道德衝突」和「經權辯證」這兩個在論題中的關鍵用語，並略述兩者在儒家文獻中的關係。在「回顧學界觀點」一項，筆者把學界有關儒家之「經」、「權」關係的討論主要歸納爲三組：(1) 探究某一經典或某一思想家的「經」、「權」概念之意義者；(2) 探討「經」、「權」概念的意義在中國思想史中之演變者；(3) 從西方倫理學的角度一般性地探討「經」、「權」概念者。

而在「說明研究方法」一項，筆者由「文獻分析」和「哲學思考」兩者入手：前者旨在分析儒家文獻中對「經」、「權」之討論（如概念的定義、事例的說明、思想史中的意義變遷及其與「道德衝突」的關係等），後者旨在藉由儒家乃至西方哲學家對「道德衝突」的幾種消解方式，歸結出消解道德衝突的幾項判準。

第二、三、四章分別討論儒家文獻中「經」、「權」二概念的意義、兩者之間辯證關係，以及儒家在面臨道德衝突時所採取的與「經權辯證」相關的理據。

扼要言之，「經」和「權」分別有兩種意義：第一義的「經」是「根本的道德原則」，第二義的「經」則是「成文化的禮制或道德規範」；在此，第二義的「經」是在第一義的「經」的指導下，針對具體社會狀況或風俗習慣而建構成者。在這意義下，第二義的「經」是容許變革的，而第一義的「經」則是不可變革的。

相對於「經」之二義，「權」亦有二義：第一義的「權」是「『經』之要妙處」，此處的「經」是第一義的「經」，意即：第一義的「權」是合乎根本道德原則的精神的權衡或裁量；第二義的「權」則是「反『經』」，此處的「經」是第二義的「經」，意即：第二義的「權」是有悖於成文化的禮制或道德規範的權衡或裁量。

「經」、「權」各含之二義亦構成了一種辯證關係：一方面，「經」和「權」在某種意義上是彼此對立的——行「權」必對（第二義的）「經」有所違背；另一方面，「經」和「權」又是統一的——行「權」是爲了實現「善」或合乎「道」，而「善」或「道」則是「經」之根本精神。因此，「權者反於經」和「權只是經」雖然對立，實質上兩者皆可通過「善」和「道」而取得統一。

儒家的經權觀之所以在儒學史中被持續詮釋，其意義及目的爲何？對此，筆者認爲，儒家在經、權的行動及概念詮釋上，皆呈顯出辯證的形態，其目的在於通過對於「經」、「權」概念反復地理解、解釋和辯證的歷程，提撕行動者之道德意識及道德創造性，引導其不間斷地進行道德實踐。一如西方詮釋學之發展方向，除了致力於理解和解釋文本之外，同時表現出開放多元的實踐智慧。儒家之經權辯證，作爲一種詮釋活動，亦不止是思辨的興趣或理論之事，更是實踐工夫之具體表現。究其目的，一方面在避免行動者僅注重行動的情境性及脈絡性，而陷入道德相對主義；另方面在強調道德行動不可僵化爲對原則的執守，而應具備體察事況、與時俱進的創造性。

至於在出現道德衝突的情境中究竟需要「守經」還是「行權」，儒家主要提出兩個判斷的原則或依據：一是「仁」——當「守經」會造成他人極大痛苦、甚至威脅到其基本生存時，便當「行權」；二是「直」——當「守經」將有損於人格之整全時，或將割裂對道德生活的自我籌劃時，便當「行權」。

第五章主要探討西方倫理學有關道德衝突的討論，並由此探索儒家通過「經權辯證」處理道德衝突問題背後的根據。筆者主要分三部分進行。第一部分論述義務論、效益主義和德性倫理學在處理道德衝突問題上的缺失：義務論的優點雖在於對「定言令式」之重視，但是，當在某情境中同時有兩個或以上的責任符合「定言令式」時，義務論卻無法提出一個區別不同責任之輕重緩急的判準，從而令人無法入手處理不同道德責任之間的衝突之困境。

效益主義雖提出以「最大效益」作爲解決道德衝突的依據——即，當出現不同道德責任之衝突時，一概優先選取提供最大效益者——從而解決了義務論無法解決的難題，然而，效益主義卻會引致「消極責任」此一更爲嚴峻的理論後果，從而使道德主體把道德信念和道德生活的籌劃置於次要或不相干的位置，甚至使道德主體陷入永無止境的道德衝突中。

至於德性倫理學，雖然沒有義務論有關「無法判定道德責任高下」之難題，也沒有效益主義有關「側重效益之達成、忽視道德信念之堅持」之缺失；然而，德性倫理學主張人應培養德性，卻沒有進一步說明德性如何得以作爲解決道德衝突的依據。

第二部分論述 Richard Hare 和 Bernard Williams 爲解決道德衝突所提出的判準：Hare 首先區分「直覺層」和「批判層」——在直覺的層面上，我們會爲自己無法同時達成兩種不相容的道德價值而感到遺憾、掙扎；但在批判的層面上，基於「應該涵蘊能夠」的原則，我們實不需要爲自己無法同時達成兩種不相容的道德價值負上責任。此外，Hare 亦指出，在批判的層面上，只要在能力範圍內掌握好足夠的資訊，並排除個人因素之干擾，則道德衝突往往是得以避免的。

Williams 則認爲，道德不僅涉及道德法則，也涉及道德感受和人我關係。因此，道德法則之取捨並不是解決道德衝突的唯一方法。事實上，行動者所面對之人我關係、以及行動者對於具體情境的道德感受，才是解決道德衝突之決定性方向。

在這些西方學者的討論中，我們可以抽離出兩類消解道德衝突的標準：一類是關乎道德主體之生命狀態及活動表現之省察的標準，即「人格整全性」和「道德的證成」；另一類是關乎道德原則及理論之評估的標準，即「融貫性」、「普遍性」及「具體性」。

於此基礎上，筆者在第三部分主張：儒家特重前一類標準，並以前一類標準爲促成後一類標準者。蓋儒家特重道德心之覺醒，其覺醒所及者不止一自省工夫，亦及於人、己、物、我共在的道德世界之開啓，此即一「人格整全性」之護持。行動主體在其人格之整全中，不會受私欲所蔽（普遍性），不會在人倫關係的運作之中，因爲無法同時滿足不同的道德價值或信念，而產生不必要的情緒（融貫性）〔註1〕；在面對事態的變化（具體性）時，亦能作出靈活的道德裁量（經權辯證）。

〔註 1〕安靖如曾建議我們可運用「融貫」的概念，說明儒家在關係網絡之中所追求達致的整體和諧穩定之傾向或狀態。參見 Stephen C. Angle, *Sagehood: The Contemporary Significance of Neo-Confucian Philosophy*（Oxford: Oxford University Press, 2009）.

徵引書目

壹、傳統文獻

古本（依年代先後排列）

1.【漢】司馬遷：《史記》，收入《文淵閣四庫全書》，臺北：臺灣商務印書館，1983 年，243～244 冊，史部正史類。
2.【梁】顧野王：《玉篇》，收入鍾謙鈞等彙刻：《古經解彙函：附小學彙函・續附十種》，臺北：中新書局，1973 年。
3.【宋】陳淳：《北溪字義》，收入《文淵閣四庫全書》，臺北：臺灣商務印書館，1983 年，709 冊，子部儒家類。
4.【宋】程顥、程頤著，王孝漁點校：《二程集》，北京：中華書局，1981 年。
5.【宋】朱熹：《四書章句集注》，北京：中華書局，2008 年。
6.【宋】黎靖德編，王星賢點校：《朱子語類》，北京：中華書局，1994 年。
7.【明】高拱：《問辨錄》，收入紀昀等總纂：《景印文淵閣四庫全書》，臺北：臺灣商務印書館，1983 年。
8.【清】黃宗羲：《明儒學案》，臺北：中華書局，1966 年。
9.【清】段玉裁：《段氏說文解字注》，臺北：文化圖書公司，1979 年。
10.【清】焦循：《孟子正義》，北京：中華書局，1998 年。
11.【清】王先謙著，沈嘯寰、王星賢點校：《荀子集解》，北京：中華書局，1988 年。

今注（依姓氏筆劃排列）

1. 王維堤、唐書文：《春秋公羊傳譯注》，上海：上海古籍出版社，1997 年。
2. 李宗侗：《春秋左傳今註今譯》，臺北：臺灣商務印書館，1982 年。

3. 屈萬里：《尚書今註今譯》，臺北：臺灣商務印書館，1969 年。
4. 馬持盈：《詩經今註今譯》，臺北：臺灣商務印書館，2013 年。
5. 高明：《大戴禮記今註今譯》，臺北：臺灣商務印書館，1984 年。
6. 陳鼓應、趙建偉：《周易今注今譯》，北京：商務印書館，2005 年。
7. 陳鼓應註譯：《黃帝四經今註今譯》，臺北：臺灣商務印書館，1995 年。
8. 陳鼓應註譯：《老子今註今譯及評介》，臺北：臺灣商務印書館，2000 年。
9. 陳鼓應注譯：《莊子今注今譯》，香港：中華書局，2001 年。
10. 賀凌虛註譯：《商君書今註今譯》，臺北：臺灣商務印書館，1987 年。
11. 楊伯峻：《孟子譯注》，臺北：源流出版社，1982 年。
12. 賴炎元註譯：《春秋繁露今註今譯》，臺北：臺灣商務印書館，1987 年。
13. 賴炎元註譯：《韓詩外傳今註今譯》，臺北：臺灣商務印書館，1993 年。

貳、近人論著（依姓氏筆劃排列）

中文部分

研究專書

1. 白奚：《稷下學研究：中國古代的思想自由與百家爭鳴》，北京：三聯書店，1998 年。
2. 牟宗三：《歷史哲學》，臺北：臺灣學生書局，1982 年。
3. 牟宗三：《中國哲學的特質》，臺北：臺灣學生書局，1994 年。
4. 杜維明：《儒家思想——以創造轉化為自我認同》，臺北：東大圖書公司，1997 年。
5. 李明輝：《康德倫理學與孟子道德思考之重建》，臺北：中研院文哲所，1994 年。
6. 李瑞全：《當代新儒學之哲學開拓》，臺北：文津出版社，1993 年。
7. 李瑞全：《儒家生命倫理學》，臺北：鵝湖出版社，2000 年。
8. 林啓屏：《儒家思想中的具體性思維》，臺北：臺灣學生書局，2004 年。
9. 林義正：《春秋公羊傳倫理思維與特質》，臺北：臺灣大學出版中心，2003 年。
10. 胡家聰：《稷下爭鳴與黃老新學》，北京：中國社會科學出版社，1998 年。
11. 郭沫若：《金文叢考》，北京：北京人民出版社，1954 年。
12. 郭齊勇主編：《儒家倫理爭鳴集——以親親互隱為中心》，湖北：湖北教育出版社，2004 年。
13. 郭齊勇主編：《《儒家倫理新批判》之批判》，湖北：武漢大學出版社，2011 年。

14. 唐君毅：《中國哲學原論——原道篇》（二），臺北：學生書局，1986年。
15. 陳特：《倫理學釋論》，臺北：東大圖書公司，2000年。
16. 陳榮華：《葛達瑪詮釋學與中國哲學的詮釋》，臺北：明文書局，1998年。
17. 袁保新：《從海德格、老子、孟子到當代新儒學》，臺北：臺灣學生書局，2008年。
18. 韋政通：《儒家與現代中國》，臺北：東大圖書公司，1991年。
19. 韋政通：《中國哲學辭典》，北京：世界圖書出版公司，1993年。
20. 徐向東編：《美德倫理與道德要求》，江蘇：江蘇人民山版社，2007。
21. 徐復觀：《中國思想史論集》，上海：上海書店，2004年。
22. 張立文：《中國哲學範疇發展史：人道篇》，北京：中國人民大學出版社，1995年。
23. 張岱年：《中國古典哲學概念範疇要論》，北京：中國社會科學出版社，1987年。
24. 張端穗：《西漢公羊學研究》，臺北：文津出版社，2005年。
25. 梁家榮：《仁禮之辨——孔子之道的再釋與重估》，北京：新華書店，2010年。
26. 馮耀明：《中國古代哲學思想》（一至四冊），香港：香港公開大學，2000年。
27. 馮耀明：《中國哲學的方法論問題》，臺北：允晨文化出版社，1987年。
28. 勞思光：《新編中國哲學史》（一、二、三上、三下），臺北：三民書局，1993年。
29. 彭國翔：《儒家傳統的詮釋與思辨：從先秦儒學、宋明理學到現代新儒學》，武漢市：武漢大學出版社，2012年。
30. 黃勇：《全球化時代的倫理》，臺北：國立臺灣大學出版中心，2011年。
31. 黃俊傑：《孟學思想史論》，臺北：東大圖書公司，1991年。
32. 黃慧英：《道德之關懷》，臺北：東大圖書公司，1995年。
33. 黃慧英：《儒家倫理：體與用》，上海：三聯書店，2005年。
34. 黃慧英：《後設倫理學之基本問題》，臺北：東大圖書公司，1988年。
35. 葛榮晉：《中國哲學範疇導論》，臺北：萬卷樓圖書公司，1993年。
36. 蔣年豐：《文本與實踐（一）：儒家思想的當代詮釋》，臺北：桂冠圖書公司，2000年。
37. 鄧曉芒：《儒家倫理新批判》，四川：重慶大學出版社，2010年。
38. 鄭吉雄主編：《觀念字解讀與思想史探索》，臺北：臺灣學生書局，2009年。

39. 鄭宗義：《儒學、哲學與現代世界》，河北：河北人民出版社，2010年。
40. 劉述先：《朱子哲學思想的發展與完成》，臺北：臺灣學生書局，1995年。
41. 錢穆：《先秦諸子繫年》，臺北：東大圖書公司，1990年。
42. 蕭公權：《中國政治思想史》（上），臺北：聯經出版公司，1982年。
43. 龐樸：《儒家辯證法研究》，北京：中華書局，1984年。

專書論文

1. 方維規：〈概念史研究方法要旨〉，收入黃興濤主編：《新史學》第3卷，北京：中華書局，2009年，頁3～20。
2. 李晨陽：〈儒家的仁學和女性主義哲學的關愛〉，收入周大興編：《理解、詮釋與儒家傳統：展望篇》，臺北：中央研究院中國文哲研究所，2009年，頁224～245。
3. 林遠澤：〈知言與知人——論儒家普遍主義倫理學的行動詮釋學基礎〉，收入周大興主編：《理解、詮釋與儒家傳統：展望篇》，臺北：中央研究院中國文哲研究所，2009年，頁89～126。
4. 張錦青：〈儒家的天人合一進路〉，收入香港浸會大學宗教及哲學系編，《當代儒學與精神性》，桂林：廣西師範大學出版社，2009年，頁71～94。
5. 勞思光：〈論非絕對主義的新基礎主義〉，收入劉翠溶主編：《四分溪論學集》，臺北：允晨文化，2006年，頁91～125。
6. 黃勇：〈儒家仁愛觀與全球倫理：兼論基督教對儒家的批評〉，收入黃俊傑編：《傳統中華文化與現代價值的激盪與調融（一）》，臺北：喜瑪拉雅研究發展基金會，2002年，頁55～88。
7. 黃慧英：〈道德創造之意義〉，收入李明輝主編：《牟宗三先生與中國哲學之重建》，臺北：文津出版社，2011年，頁143～149。

期刊論文

1. 吳豐維：〈何謂主體性？——一個實踐哲學的考察〉，收入《思想》第4期，臺北：聯經出版公司，2007年，頁63～78。
2. 林維杰：〈知行與經權——朱熹哲學的詮釋學模式分析〉，收入《中國文哲研究集刊》27期，臺北：中央研究院中國文哲研究所，2005年9月，頁185～213。
3. 林遠澤：〈克己復禮爲仁——論儒家實踐理性類型學的後習俗責任學重構〉，收入《清華學報》42卷3期，新竹：國立清華大學，2012年9月，頁401～422。
4. 林憶芝：〈朱子的經權説探微〉，收入《國立中央大學人文學報》第25期，中壢：中央大學，2002年6月，頁37～70。

5. 岳天雷：〈朱熹論「權」〉，收入《中國文化研究所學報》第 56 期，香港：香港中文大學，2013 年 1 月，頁 69～185。
6. 柯雄文：〈儒家倫理傳統的性質〉，收入《哲學雜誌》第 17 期，臺北：業強出版社，1996 年 8 月，頁 142。
7. 柯雄文：〈儒家倫理思想的概念架構〉，收入《哲學雜誌》第 19 期，臺北：業強出版社，1997 年 2 月，頁 142～159。
8. 郭柏年：〈規範道德理論的結構——論卡根的區分法〉，收入《東吳哲學學報》第 23 期，臺北：東吳大學，2011 年 2 月，頁 81～107。
9. 郭梨華：〈早期儒學的道德倫理哲學探析——以郭店儒簡爲中心的討論〉，收入《政大中文學報》第 17 期，臺北：國立政治大學中國文學系，2012 年 6 月，頁 17～50。
10. 梁濤、顧家寧：〈超越立場，回歸學理——再談「親親相隱」及其相關問題〉，收入《中國哲學》2013 年第 11 期，北京：中國人民大學書報資料中心，2013 年 11 月，頁 47～57。
11. 陳瑤華：〈爲甚麼我應該合乎道德——康德的定言令式之意義〉，收入《歐美研究》第 32 卷第 1 期，臺北：中央研究院歐美研究所，2002 年 3 月，頁 155～186。
12. 張錦青：〈「孟子」的仁觀及其困難〉，收入《人文中國學報》第 6 期，香港：香港浸會大學，1999 年 4 月，頁 115～129。
13. 馮耀明：〈論語中仁與禮關係新詮〉，收入《國立政治大學哲學學報》第 21 期，臺北：國立政治大學哲學系，2009 年 1 月，頁 129～158。
14. 楊澤波：〈孟子經權思想探微〉，收入《學術論壇》第六期，廣西：廣西社會科學院，1997 年 6 月。
15. 黎漢基：〈權變的論證——以《春秋》祭仲廢立事件爲研究案例〉，收入《先秦、秦漢史》2013 年 1 期，北京：中國人民大學書報資料中心，2013 年 1 月，頁 47～58。

翻譯專書

1. Ames, Roger T.（安樂哲）著，彭國翔編譯：《自我的圓成：中西互鏡下的古典儒學與道家》（*Self-Consummation: Classical Confucianism and Daoism within the Mirror of East and West*），河北：人民出版社，2006 年。
2. Hare， Richard M.著，黃慧英、方子華譯：《道德思維》（*Moral Thinking*），臺北：遠流出版公司，1991 年。
3. Lai, Karyn L.（賴蘊慧）著，劉梁劍譯：《中國哲學導論》（*An Introduction to Chinese Philosophy*），北京：世界圖書出版公司，2013 年。
4. MacIntyre, Alasdair 著，宋繼杰譯：《追尋美德》（*After Virtue: A Study in Moral Theory*），南京：譯林出版社，2008 年。

5. Rachels, James 著、Rachels, Stuart 修訂、楊宗元譯：《道德的理由》（*The Elements of Moral Philosophy*），北京：新華書店，2009 年。
6. Yu, Jiyuan （余紀元）著，林航譯：《德性之鏡：孔子與亞里士多德的倫理學》（*The Ethics of Confucius and Aristotle: Mirrors of Virtue*），北京：中國人民大學出版社，2009 年。

學位論文

1. 李曉雲：《道德兩難的解題困難與迷思》，中壢：國立中央大學碩士論文，2009 年。

英文部分

1. Angle, Stephen C., *Sagehood: The Contemporary Significance of Neo-Confucian Philosophy*. Oxford: Oxford University Press, 2009.
2. Anscombe, G. E. M., “Modern Moral Philosophy,” *Philosophy* vol. 33, no.124（Jan 1958）, pp. 1～19.
3. Bary, William Theodore De, eds, *Self and Society in Ming Thought*. New York: Columbia University Press, 1970.
4. Foot, Phillippa, *Virtues and Vices and Other Essays in Moral Philosophy. Berkeley*: University of California Press, Oxford: Blackwell, 1978.
5. Hursthouse, Rosalind, *On Virtue Ethics*. Oxford: Oxford University Press, 1999.
6. Slote, Michael, *Morals from Motives*. Oxford: Oxford University Press, 2001.
7. Stocker, Michael, “The Schizophrenia of Modern Ethical Theories,” *The Journal of Philosophy* vol.73, no.14（Aug 1976）, pp. 453～466
8. Smart, J. J. C. & Williams, Bernard, Utilitarianism: *For and Against*. Cambridge: Cambridge University Press, 1973.
9. Williams, Bernard, *Ethics and the Limits of Philosophy*. Cambridge, Mass.: Harvard University Press, 1985.
10. Williams, Bernard, *Moral Luck: Philosophical Papers*. New York: Cambridge University Press, 1981.

參、電子檢索系統

1. 中央研究院：漢籍電子文獻瀚典全文檢索系統。（http://hanji.sinica.edu.tw）
2. 故宮博物院：【寒泉】古典文獻全文檢索資料庫。（http://210.69.170.100/s25/index.htm）
3. 中國哲學書電子化計劃。（http://ctext.org/zh）
4. 香港中文大學大學圖書館：郭店楚簡資料庫。（http://udi.lib.cuhk.edu.hk/projects/archive-chu-bamboo-manuscripts-guodian?language=zh-hant）

5. 漢學中心典藏大陸期刊篇目索引資料庫。（http://readopac1.ncl.edu.tw/ccs/advance.jsp）